本书获得清华大学亚洲研究中心2018年度出版资助

制度边界

边界

知识产权与创新实践

THE BOUNDARIES OF THE SYSTEM:
INTELLECTUAL PROPERTIES AND INNOVATION PRACTICES

何隽 著

知识产权出版社

全国百佳图书出版单位

图书在版编目（CIP）数据

制度边界：知识产权与创新实践/何隽著. —北京：知识产权出版社，2019.2
ISBN 978 – 7 – 5130 – 6059 – 2

Ⅰ.①制… Ⅱ.①何… Ⅲ.①知识产权法—研究—中国 Ⅳ.①D923.404

中国版本图书馆 CIP 数据核字（2019）第 015928 号

内容提要

理性认识知识产权的制度边界对于在创新活动中有效行使和保护知识产权具有重
要意义。本书从保护创新的制度环境、创意产业、娱乐产业、著作权、专利权和商标
权等角度展开，重点分析知识产权领域出现的新问题，系统阐释知识产权制度如何发
挥激励创新的作用，同时，通过最新案例揭示知识产权在个案裁判中的权利边界。可
作为知识产权政策研究人员、知识产权从业者、知识产权专业师生参考用书。

责任编辑：许　波　　　　　　　　　　　　责任印制：刘译文

制度边界：知识产权与创新实践
ZHIDU BIANJIE：ZHISHICHANQUAN YU CHUANGXIN SHIJIAN

何　隽　著

出版发行：**知识产权出版社**有限责任公司	网　址：http://www.ipph.cn
电　话：010 – 82004826	http://www.laichushu.com
社　址：北京市海淀区气象路 50 号院	邮　编：100081
责编电话：010 – 82000860 转 8380	责编邮箱：xubo@ cnipr.com
发行电话：010 – 82000860 转 8101	发行传真：010 – 82000893/82005070
印　刷：北京中献拓方科技发展有限公司	经　销：各大网上书店、新华书店及相关专业书店
开　本：720mm×1000mm　1/16	印　张：15.75
版　次：2019 年 2 月第 1 版	印　次：2019 年 2 月第 1 次印刷
字　数：238 千字	定　价：58.00 元

ISBN 978 – 7 – 5130 – 6059 – 2

前　　言

　　激励创新是知识产权制度演进的驱动力。在世界范围内，知识产权制度已经成为激励创新最重要的制度安排。在不同国家，尽管具体规则存在差异，激励创新的价值取向始终是知识产权制度产生、演进和发展的驱动力。

　　知识产权作为一种内涵和外延都在不断扩展与丰富的权利形态，理性认识其制度边界对于在创新活动中有效行使和保护知识产权具有重要意义。本书以创新实践为基础，重点分析知识产权领域出现的新问题，探析知识产权保护的边界。全书分为六章，从保护创新的制度环境、创意产业、娱乐产业、著作权、专利权和商标权等角度展开，重点分析知识产权领域出现的新问题，系统阐释知识产权制度如何发挥激励创新的作用。同时，通过最新案例揭示知识产权在个案裁判中的权利边界。

　　第一章重点讨论保护创新的制度环境，包括：从中美贸易摩擦和全球创新中心定位思考知识产权在大国博弈中的作用；点评《民法总则》知识产权条款和《知识产权对外转让有关工作办法（试行）》等新颁布知识产权法律政策；分析中外合作办学、高校科技成果转化等知识产权制度环境；对如何认识国防知识产权和如何推进国防知识产权创新发展的若干思考。

第二章重点讨论著作权领域的新问题，包括：大规模开放在线课程（MOOC）平台的著作权风险和对策问题；对保护作品完整权案例的实证分析；大数据产业面临的知识产权保护挑战和立法问题；针对创新实践中具体问题的探讨，涉及版权侵权案件如何使用电子数据证据；网络服务商是否需要承担侵权责任；出版课外读物需要关注哪些版权问题；体育赛事节目应该如何保护；杂技节目如何获得著作权保护。

第三章重点讨论创意产业的知识产权保护，包括：博物馆藏品数字影像的著作权保护；香水的著作权保护；传统文化表现形式的著作权保护；针对创新实践中具体问题的探讨，涉及创意在多大程度上可以获得著作权保护；如何对纹身图案进行保护；如何界定设计方案抄袭；如何解决短视频侵权频发。

第四章重点讨论娱乐产业的知识产权保护，包括：电子游戏的著作权保护；卡通形象衍生品开发中的著作权问题；字幕组的著作权侵权困扰；针对创新实践中具体问题的探讨，涉及点播影院如何解决版权问题；曲谱为何频频被抄袭；音乐抄袭为何判定难；版权跨界运营如何才能成功；国产电影发展如何以版权作保障；翻唱原创音乐作品是否构成侵权。

　　第五章重点讨论专利领域的新问题，包括：针对绿色技术的绿色专利制度构建；技术标准中的必要专利问题；印度药品专利制度如何应对国际环境变化；针对创新实践中具体问题的探讨，涉及世界各国如何理解专利质量；家电行业如何从渠道竞争转向创新竞争；如何应对专利非实施实体（NPE）的海外诉讼；如何保障专利药品公平使用；如何以最接近现有技术为起点判断发明的创造性。

　　第六章重点讨论商标领域的新问题，包括：以南北"稻香村"之争，讨论老字号商标共存难题；以"东风案"再审判决为例，讨论如何让商标保护回归初心；针对创新实践中具体问题的探讨，涉及不具有固有显著性特征的标志如何获得显著性；特定历史形成的未注册驰名商标如何保护；使用他人注册商标作为艺名是否侵权；服饰领域如何防范商标侵权风险；将他人注册商标设定为搜索关键词是否构成侵权；历史因素如何影响商标授权确权。

目　　录

案例索引

第一章 保护创新的制度环境

本章重点讨论保护创新的制度环境，包括：从中美贸易摩擦和全球创新中心定位思考知识产权在大国博弈中的作用；点评《中华人民共和国民法总则》（以下简称《民法总则》）知识产权条款和《知识产权对外转让有关工作办法（试行）》等新颁布知识产权法律政策；分析中外合作办学、高校科技成果转化等知识产权制度环境；对如何认识国防知识产权和如何推进国防知识产权创新发展的若干思考。

第一节 知识产权与大国博弈

一、从中美贸易摩擦看知识产权保护

任何国际组织或国际论坛都是利益交换的场所，全球化给中国带来的机遇从根本上取决于我们如何参与全球化进程，中国应在知识产

权全球治理体系变革中有所作为。

2018 年 3 月美国总统特朗普签署总统备忘录，将对从中国进口的近 600 亿美元的商品大规模征收关税，并限制中国企业对美投资并购。随后，中国商务部发布了针对美国进口的中止减让产品清单，拟对自美进口部分产品加征关税。

事件的导火索是美国以中国涉嫌侵犯知识产权及强迫技术转让为由开始的"301 调查"。对此，中国商务部新闻发言人称，美方无视中方加强知识产权保护的事实、无视世贸组织规则、无视广大业界的呼声，一意孤行，这是典型的单边主义和贸易保护主义，中方坚决反对。事态仍在发展，知识产权与大国博弈成为全球关注的焦点。

（一）知识产权与贸易的结合是大国博弈的关键

政治家清楚地知道贸易对于全球竞争的重要性，贸易也越来越多地与诸多重要事项联系、交叉。可以说，世界贸易组织（World Trade Organization，WTO）框架下的《与贸易有关的知识产权协议》（Agreement of Trade-Related Aspects of Intellectual Property Rights，以下简称《TRIPS 协议》）打开了一个潘多拉魔盒，当知识产权保护突破以《保护工业产权巴黎公约》（以下简称《巴黎公约》）和《保护文学和艺术作品伯尔尼公约》（以下简称《伯尔尼公约》）为代表的世界知识产权组织（World Intellectual Property Organization，WIPO）体系框架，与贸易规则紧密结合在一起时，贸易成为撬动全球利益的"支点"，知识产权的"力臂"长短将决定国家间的力量对比。知识产权与贸易的结合注定是大国博弈中取胜的关键。

在知识产权国际保护体系中，具有较强知识产权实力的国家不仅希望改善国际贸易制度以出口其知识产权产品，还希望从中获得由知识产权垄断地位而带来的额外收益。与之相对，知识产权实力较弱的国家则更希望在本国境内自由使用和模仿知识产权产品。

值得提醒的是，在美国建国之后的百年里并不保护国外版权，直到1891年《国际版权法》颁行，美国才开始有条件地对极有限的外国国民的作品提供版权保护。即便如此，也还是存在所谓"印制条款"的限制，即只保护在美国境内印制的外国作品的版权，该条款直到1986年才正式废止。

随着经济全球化的推进，越来越多的发展中国家已经加入"自由贸易联盟"和知识产权国际保护公约之中，以实现货物的自由贸易，并且开始按照发达国家标准提供知识产权保护。

自由贸易降低货物的交易成本，知识产权保护提高创新的价值，这两者并非简单的巧合——因为，目前绝大多数货物都已在发展中国家生产，自由贸易使发展中国家生产的货品被低价销售；而新技术开发主要在发达国家完成，通过保护知识产权，打击仿冒者，保证了知识产权产品的高价格垄断。全球范围内的自由贸易和知识产权保护成为发达国家从发展中国家获得"双重收益"的重要保障。

（二）扩大开放与加强知识产权保护是自主创新的保障

在全球化背景下，分散在世界各地的知识中心被整合到统一的创新资源分配网络之中。无论是发达国家，还是发展中国家，都需要解决知识的创造与流动问题。一方面，全球范围内的合作开发和交叉许可愈加频繁；另一方面，新兴经济体的崛起，发展中国家在引进和利用国外技术之后，自身的创新能力也在不断提高，使得围绕知识产品研发和利用的竞争也更加激烈。

虽然目前还没有"世界专利"，但知识产权立法国际统一化的趋势已经导致各国对专利的规定越来越相似——特别是《TRIPS 协议》大大推进了专利法的国际化步伐。随着统一的知识产权保护标准在全球范围的推广，跨国公司在全球布局，更多的技术转移和联合研发都可能被迁移到跨国平台上进行。

创新本身是一个非常复杂的过程，多种因素交织在一起，涉及知识积累、制度安排、劳动力水平、经济开放程度、对其他国家或地区技术进步的整体吸收能力等各方面。开放社会自发的、非计划的秩序是创新的必要条件，虽然经济增长并不依靠全方位的自由，但保持几十年持续高水平增长必须是在一个开放的社会中。因此，一个鼓励自主创新的知识产权制度必然根植于开放的社会制度之上。

（三）中国应在知识产权全球治理体系变革中有所作为

对中国而言，知识产权制度在某种程度上是一种被动移植、外力强加的制度"舶来品"，早期的知识产权立法很多时候也并非基于中国自身国情的制度选择，通常是受到外来压力影响的结果。在中国所有的部门法中，知识产权法是对国际公约的"最好摹写"，是对西方标准的"最佳映射"。然而，随着经济实力的增强，尤其是 2007 年全球金融危机爆发后，中国在世界论坛上的地位悄然发生变化，经济活力背后的制度建设逐渐得到重视。

当前，作为全球化最早鼓吹者的西方国家，开始质疑全球化进程，美国宣布退出《跨太平洋伙伴关系协定》（Trans‑Pacific Partnership Agreement，TPP），英国宣布退出欧盟。而作为曾经全球化被动接受者的中国，目前成为全球化的推动者和捍卫者，提出了"构建人类命运共同体"的全球化新构想。

在知识产权全球治理体系中，发达国家已经占得国际规则体系制定的先机，未来如何参与游戏，紧跟美国之后亦步亦趋显然不是出路，中国应当尽力承担一个发展中的大国应当承担的国际责任和义务。

必须认识到现代西方法治仅是现代法治的一种形式，远远不能代表全部现代法治，中国路径的探索并不是要为西方主流理论提供又一个中国的"例证"或"例外"。与此同时，必须意识到任何国际组织或国际论坛都是利益交换的场所，全球化给中国带来的机遇根本上取决于我们如何参与全球化进程，中国应在知识产权全球治理体系变革中有所作为。

二、全球创新中心从来就不应只属于西方

国家知识产权局最新公布的许可备案登记信息显示，华为技术有限公司在 2015 年向苹果公司许可专利 769 件，苹果公司向华为技术有限公司许可专利 98 件。苹果公司向华为技术有限公司缴纳专利费高达

数亿元，中国通信企业实现技术逆袭。

创新是发展的渊薮。在全球化背景下，分散在世界各地的知识中心被整合到统一的创新资源分配网络之中。因此，无论是发达国家，还是发展中国家，都需要解决知识的创造与流动问题。一方面，全球范围内的合作开发和交叉许可愈加频繁；另一方面，新兴经济体的崛起，发展中国家在引进和利用国外技术之后，自身的创新能力也在不断提高，使围绕知识产品研发和利用的竞争也更加激烈。华为技术有限公司（以下简称华为）与苹果公司（以下简称苹果）之间的专利交叉许可即是一例。

根据国家知识产权局最新公布的许可备案登记信息显示，华为在2015 年向苹果许可专利 769 件，苹果向华为许可专利 98 件。这意味着美国公司需要向中国公司缴纳专利许可费，有人将之称为中国通信企业的技术逆袭，然而熟悉通信行业的人则普遍认为，这将成为常态。

事实上，近年来的华为和中兴通讯股份有限公司（以下简称中兴）的专利申请量一直居全球前列，继中兴 2011 年和 2012 年蝉联 PCT 申请量全球第一之后，2014 年和 2015 年华为也连续位居全球首位。尽管专利申请量的位次不能等同于专利授权量的名次，但毋庸置疑的是，中国企业在通信领域的创新能力已经不容小觑，或者说，已经加入了主流竞争者的行列。华为所代表的中国企业在国际市场的成功，是中国知识产权制度建设和完善的重要成就之一。

以专利为代表的知识产权制度保证了创新行为的经济收益，为天才之火加入了利益之油。同时，知识产权制度的完善运作也会促进自主创新，提高国内企业使用和吸收国外技术的能力。国内创新能力越强，通过应用国际技术储备获得收益的比例也就越高。由于国内企业可以通过发展非侵权的仿制在国际市场占据一席之地，国内进口商的谈判议价杠杆也就随之升高。而如果国内缺乏知识产权保护制度，国内企业就会缺少动力从事外国技术本地化的研发。

曾任日本知识产权战略推进事务局局长的荒井寿光教授在分析日本企业专利布局的原因后指出，45%的企业希望通过申请专利阻止其他公司生产或销售相似产品，这是取得专利的传统原因；10%的企业希望通过申请专利增加谈判优势，在未来可以通过交叉许可获得其他公司专利的使用权；还有一些公司是出于专利防守的原因，即使自己不准备使用该技术，也要防止竞争对手使用相关技术。

美国乔治城大学商学院的雷恩（Michael Ryan）教授认为，如果与西方实验室研发水平相当的工作可以在发展中国家完成，那么继续选择在成本更高的西方完成上述研发的动力就会逐渐丧失。

以印度为例，作为加入 WTO 的条件，自 2005 年起印度开始承认产品专利，此前印度只承认方法专利，允许印度制药公司对畅销药品进行分子反向工程，以生产低价的仿制药供应国内市场并出口，印度制药公司在生产仿制药的过程中积累了大量经验和技术。2005 年印度修订专利法，承认药品、农业化学品和食品专利并开始处理相关申请，这使得印度药品企业重新思考产品开发政策，并开始加大研发投入。同时，印度专利法的修订也使得制药和生物技术跨国公司开始在印度市场加大研发投入。由此带来的结果是，2005 年印度的药品专利申请量仅次于美国位居世界第二位。

然而，对于发展中国家在创新发展与知识产权保护之间的关系，印度政府首席经济顾问萨勃拉曼尼亚（Arvind Subramanian）教授在研究了多个发展中国家和地区在 1985～1998 年的专利申请量后发现，尽管在此期间，这些国家和地区都加强了知识产权保护，但只有韩国、中国和中国台湾地区的专利申请量显著上升，墨西哥和智利的专利申请量并无明显增加。由此，他认为，加强知识产权保护显然并不是增加创新行为的充分条件，要刺激创新，还必须依靠多元产业技术基础，至少在某些行业拥有较高教育水平和技术熟练的劳动力和核心研发力量。

全球化不仅让中国与其他国家之间的创新竞争呈现史无前例的激烈态势，也孕育着中国的机遇。对中国而言，要想实现积极创新，站到世界技术前沿，知识产权制度就必须在打击侵权和保护创新资本的投入上保持稳定性。这也凸显出发展中国家优化发展战略的重要性。一旦发展中国家的创新能力被释放出来，并得到持久支持，侵权"丛林"中吹响自主创新的"号角"，山寨陷阱里爬出民族品牌的"新生儿"，就会削弱目前西方在科研上的优势。全球创新中心从来就不应只属于西方。

第二节　对新颁布知识产权法律政策的思考

一、对《民法总则》知识产权条款的两点想法

《民法总则》第一百二十三条对知识产权进行规定，本文就该条款

规定谈两点想法，抛砖引玉。123，非常奇妙的序号，令人联想到操练口号"1—2—3"，这是一个开场的信号，预示着关于知识产权与民法典的探讨真正拉开了序幕。

《民法总则》已由第十二届全国人民代表大会第五次会议于 2017 年 3 月 15 日通过，并于 2017 年 10 月 1 日起施行。第一百二十三条对知识产权做了专门规定。

第一百二十三条 民事主体依法享有知识产权。

知识产权是权利人依法就下列客体享有的专有的权利：

① 作品；

② 发明、实用新型、外观设计；

③ 商标；

④ 地理标志；

⑤ 商业秘密；

⑥ 集成电路布图设计；

⑦ 植物新品种；

⑧ 法律规定的其他客体。

以下就该条款规定谈两点想法，抛砖引玉，期待更多探讨。

（一）是否有必要在知识产权的定义中加入权利特征的限定

《民法总则》第一百二十三条第二款规定："知识产权是权利人依法就下列客体享有的专有的权利"。

事实上这一款在《民法总则》表决通过前仍在进行修改。3月8日全国人大常委会副委员长李建国在全体会议上做关于《民法总则（草案）》的说明时，这一款的规定为："知识产权是指权利人依法就下列客体所享有的专属的和支配的权利"（草案第一百二十六条第二款）。

根据3月12日第十二届全国人民代表大会第五次会议主席团第二次会议通过的《民法总则（草案）》审议结果的报告，针对草案第一百二十六条第二款中知识产权的定义，有代表提出，知识产权的最重要特征是赋予权利人在法律上享有排除他人非法利用相关知识产权客体的专有权利，建议对有关表述再推敲。法律委员会经研究，建议将这一款有关知识产权的定义修改为"知识产权是权利人依法就下列客体享有的专有的权利"。

可以看出立法机构在对知识产权定义时，认为有必要对权利加以限定。那么问题是，在删除"专属的和支配的"之后，是否有必要再用"专有的"加以限定？

专有性或排他性，被认为是知识产权的重要特征，即非经知识产权权利人的许可或法律规定，他人不得实施受知识产权控制的行为。也可以将知识产权理解为一种禁止权，在没有知识产权权利人的许可或法律规定的情况下，禁止任何对知识产权客体的利用行为，否则就构成侵权。但事实上，知识产权的专有性是受到限制的，例如《中华人民共和国专利法》（以下简称《专利法》）中强制许可和不视为侵犯专利权的行为构成对专利权的限制；《中华人民共和国著作权法》（以下简称《著作权法》）中的合理使用和法定许可就构成对著作权专有性的限制。除了专有性之外，知识产权还具有时间性和地域性的特点。

同样采用对客体的列举式定义，世界知识产权组织并没有对权利加上"专有的"限定。世界知识产权组织将知识产权定义为："'知识产权'应当包括与如下内容有关的权利：文学、艺术和科学作品；表演艺术家的表演、录音制品与广播；人类一切活动领域的发明；科学发现；工业品外观设计；商标、服务标记、商号和其他商业标记；制止不正当竞争；以及在工业、科学、文学或艺术领域内由于智力活动而产生的一切其他权利。"（《建立世界知识产权组织公约》第二条第八项）

翻开国内知识产权法教材，大部分知识产权学者也倾向于只对权利客体加以规定，而不对权利特征进行限定。例如，刘春田教授提出知识产权是"基于创造性智力成果和工商业标记依法产生的权利的统称"；吴汉东教授认为：知识产权是"人们对于自己的智力活动创造的成果和经营管理活动中的标记、信誉依法享有的权利"；李明德教授认为：知识产权是"人们就某些智力活动成果所享有的权利。其中智力活动的成果，是指人的大脑与客观物质和其他信息相互作用而产生的信息"。

因此，《民法总则》在对知识产权的定义时原本没有必要加上"专有的"限制。法条将知识产权定义为"专有的权利"，在某种程度上表达了立法机关和我国政府加强知识产权保护的立场。在知识产权领域，一直存在保护知识产权是否会有损公共利益的担忧，立法中加入专有性特征的限定，强调了知识产权的排他性、禁止性，突出知识产权权利人的地位，这也是对长期只重视有形财产而忽视作为无形财产的知识产权的社会心态的一种矫正。与之呼应，同样需要重视《中华人民

11

共和国反垄断法》（以下简称《反垄断法》）中对滥用知识产权专有权的行为加以规制。

（二）如何理解知识产权的客体必须是法律规定的客体

第一百二十三条第二款规定将知识产权的客体归纳为八项，分别是①作品；②发明、实用新型、外观设计；③商标；④地理标志；⑤商业秘密；⑥集成电路布图设计；⑦植物新品种；⑧法律规定的其他客体。

根据本款第八项规定"法律规定的其他客体"，可以推论出前面七项均属于法律规定的客体。事实上，本款有两项并非由法律加以规定。本款①~⑤项分别由《著作权法》《专利法》《中华人民共和国商标法》（以下简称《商标法》）和《中华人民共和国反不正当竞争法》（以下简称《反不正当竞争法》）加以规定；⑥集成电路布图设计由《集成电路布图设计保护条例》加以规定；⑦植物新品种由《植物新品种保护条例》加以规定。这些都属于国务院制定的行政法规，并不是全国人大或全国人大常委会制定的法律。

知识产权保护客体范围存在不断扩张的趋势，在来不及制定法律或制定法律条件并不成熟的情况下，经常采用行政法规的形式加以保护。因此，这里的"法律"应该做扩大性解释，既包括法律也包括行政法规。

另外，对于我国已经加入并生效的国际公约中已经纳入知识产权保护范围的客体，又将如何处理？例如，世界知识产权组织将"科学发现"纳入知识产权客体,我国已于 1980 年 6 月 3 日加入世界知识产权组织,作为成员国,理应对公约规定的客体提供相应保护。因此,这里同样应当将"法律"做扩大性理解,包括我国已经加入并生效的国际公约。

不必担心给予科学发现以知识产权保护会带来不利影响。首先,知识产权包括人身权,可以给予科学发现者一定的人身权利,如命名权、获得奖励和荣誉的权利。其次,判断科学发现能否被授予专利权的核心是科技发展水平对于科学发现的利用能力,即相关产品或服务的开发能力。单纯地从自然界找到一种以前未知的以天然形态存在的物质,仅是一种发现,不能被授予专利权。但是,如果是首次从自然界分离或提取出来的物质,其结构、形态或者其他物理化学参数是现有技术中不曾认识的,并能被确切地表征,且在产业上有利用价值,则该物质本身以及取得该物质的方法均可依法被授予专利权。例如目前大热的基因专利,就是对基因或 DNA 片段本身及其得到方法给予专利保护。

因此应当对本条"依法"和"法律"做扩大性解释,即这里的"法律"包括法律、行政法规和我国已经加入并生效的国际公约。

二、评《知识产权对外转让有关工作办法(试行)》

经济安全、科技安全、信息安全是知识产权转让中需要重点审查的领域。同时必须对《知识产权对外转让有关工作办法(试行)》实施后外国公司可能提出的诉求做好预案,特别是针对跨国公司向境外转让在华科研成果，以及外国投资者并购境内企业的审查，要从国民待遇和反歧视性待遇角度做好规划。

2018年3月，国务院办公厅关于印发《知识产权对外转让有关工作办法（试行）》（以下简称《工作办法》），强调知识产权对外转让要坚持总体国家安全观。

根据《专利法》规定，中国单位或者个人向外国人、外国企业或者外国其他组织转让专利申请权或者专利权的，应当依照有关法律、行政法规的规定办理手续。《工作办法》的出台进一步明确了审查范围、审查内容和审查机制。根据《工作办法》规定，技术出口、外国投资者并购境内企业等活动涉及的知识产权对外转让，包括将其境内知识产权转让给外国企业、个人或者其他组织，变更权利人和知识产权实际控制人，以及知识产权的独占实施许可等情况，都需要审查对外转让对我国国家安全和对我国重要领域核心关键技术创新发展能力的影响。

就在《工作办法》颁布前一周，美国总统特朗普刚刚签署总统备忘录，将对从中国进口的近600亿美元的商品大规模征收关税，并限制中国企业对美投资并购。美国方面宣称，上述措施是基于去年8月授权美国贸易代表根据《1974年贸易法》发起的"301调查"，即调查中国是否涉嫌侵犯知识产权及强迫技术转让，重点针对中国公司要求外国公司分享科技秘密以换取进入中国市场的行为进行调查。随后，中国商务部发布了针对美国进口的中止减让产品清单，拟对自美进口部分产品加征关税；中国外交部副部长也表示，美国此举不符合WTO

规则，中方不想打贸易战，但也不怕打贸易战。事态的发展不仅令中美经贸关系紧张，更令知识产权转让问题上升到国家经济安全层面。

事实上，针对国外企业在华知识产权转让问题，我国有明确的法律法规保障。为了让外商放心，在去年6月大连举办的夏季达沃斯论坛上，李克强总理曾特别强调，中外企业在技术领域的合作是自愿的，目的是为了开拓中国和第三方市场，中国政府不允许中国企业强迫转让技术或侵犯知识产权。从美国后续的一连串行动来看，中国政府的表态和保证并没有获得对方的理解，甚至背向而行，以此设置贸易壁垒，甚至影响中国的国际形象。在此层面上，也可以认为《工作办法》的出台是中国政府针对特朗普以知识产权为由一系列贸易保护主义行动的一种反击。

《工作办法》出台的另一个更为重要的背景是中国科研投入的增长和科技实力的增强。美国国家科学基金会年初发布的《2018年科学与工程指标报告》指出，中国的研发支出超过了欧盟，总额位居世界第二，仅次于美国。同时，中国的研发投入增长迅猛，占到2000～2015年全球研发支出增长的近1/3。世界知识产权组织的最新数据显示，2017年，中国提交的PCT国际专利申请量达4.8882万件，仅次于美国，跃居全球第二。更重要的是，在全球前15个原属地中，中国申请的年增长率达到13.4%，是唯一取得两位数增长的国家；华为和中兴更是位居PCT国际专利申请人前两名。在企业创新能力方面，《麻省理工科技评论》评选的2017年"全球50大最聪明企业"名单中，科大讯飞、腾讯、旷视科技、大疆创新、富士康、阿里巴巴、HTC、蚂蚁金服和百度 9 家中国公司上榜，且排名较此前明显上升。

伴随着科研实力的增长，中国需要更加重视自身核心技术的对外转让，这也是对我国科研投入和科研产出的保障。2015 年 7 月 31 日，商务部和海关总署发布公告，对部分无人驾驶航空飞行器和高性能计算机实施出口管制。商务部正在征求意见阶段的《出口管制法（草案）》也规定，国家对与国家安全相关的货物、技术、服务等物项采取出口管制，管制清单的制定和调整需要考虑国家安全、技术发展、国际市场供应、国际义务、对贸易和产业竞争力的影响等因素。因此，国家安全是技术出口的重要考虑因素。

习近平主席针对总体国家安全观强调，既要重视传统安全，又要重视非传统安全，其中经济安全、科技安全、信息安全都是知识产权转让中需要重点审查的领域。于此同时，还必须提前对《工作办法》实施后外国公司可能提出的诉求做好预案，特别是针对跨国公司在华研究机构的科研成果向境外转让，以及外国投资者并购境内企业面对的审查，预先从国民待遇和反歧视性待遇角度做好规划，以免重复自主创新政策在推行过程中曾经面对的质疑。

第三节　高校创新的知识产权制度环境

一、中外合作办学创新成果如何归属

高等教育中外合作办学不仅能引进优质的教育资源，也能为创新驱动发展提供智力支持，创新成果是中外合作办学的重要产出。

　　高等教育中外合作办学中基于创新成果所产生的知识产权通常包括三类：第一类是著作权，其保护范围包括学术论文、专著及计算机软件等；第二类是专利权及其他类型知识产权，包括发明专利权、实用新型专利权、外观设计专利权、植物新品种权以及集成电路布图设计权等；第三类是未公开信息，包括尚未申请专利的技术方案、实验或测试数据等。

　　对于中外合作办学中所产生的知识产权的归属，在合作办学机构取得独立法人资格前，归合作办学方共有；在合作办学机构取得独立法人资格后，归合作办学机构所有，设立过程中由合作办学方共有的知识产权，亦转归合作办学机构所有。

　　创新成果转化的最终目的是形成新技术、新产品和新产业，成果转化不能简单归纳为商品化，而是由包括后续试验、开发、应用和推广等一系列活动组成。

　　以深圳为例，近年来，深圳市大力发展高等教育中外合作办学，加快吸收国际优质创新资源，深圳市政府投入经费和政策支持。为了让科研成果落地，在中外合作办学协议中通常都规定"技术成果优先在深圳转化"的条款。对此，可以作如下三种解读：第一，注册地址或主要办事机构所在地在深圳市的企事业单位优先进行转化，不论具体的转化地点；第二，优先在深圳市范围内进行转化，不论单位的具体注册地或办事机构所在地；第三，优先注册地址或主要办事机构所

17

在地在深圳市的企事业单位在深圳市范围内转化。

如何在上述三种解读中寻找到最为恰当的政策导向？随着全球化日益深入，任何科技成果转化的目标都不是本地市场，最终的商品或服务必然面向更大的国内和国际市场。因此，如果将优先转化限制在深圳市范围内，不仅会阻碍深圳的品牌走向世界，也将阻碍知识产权转化效率。正因如此，上述第二种和第三种解读并不适宜吸引全球创新资源，第一种解读将更有利于深圳的创新发展。所以，在政策上可以要求中外合作办学中产生的科技成果，优先在注册地址或主要办事机构所在地在深圳市的企事业单位进行转化。这样做，一方面可以提升深圳市的整体科技水平；另一方面又可以吸引优秀人才和新创公司来深圳投资创业，为深圳市创建大众创新、万众创业的良好环境奠定科技基础。

如何有效促进科技成果转化是各国政策制定者关注的焦点。1980年通过的美国《拜杜法案》中规定，政府资助的科研成果归完成此发明的大学以及科研机构所有。但是，为了使技术成果得到更为有效地实施和运用，政府保留介入权，即在大学或者科研机构在合理期限内，未自行实施或者做好实施的必要准备，也未转让和许可他人实施该技术的，政府有权在不变更权属的前提下决定将该技术成果产业化。1998年日本政府颁布《大学技术转让促进法》，该法的核心是推进设立将大学的科技成果向企业转让的技术转移机构。

针对高等教育中外合作办学机构中由财政投入产生的科技成果，在权属上可以完全归取得法人资格的合作办学机构所有，但是基于财

18

政投入以及公共利益的考虑，政府应当保留对该类科技成果的利用进行有效介入的权利。也就是说，对于利用财政资金产生的科技成果，如果大学或科研机构在合理期限内，如自专利权被授权之日起三年，未自行实施或做好实施的必要准备，也没有转让或许可他人实施该技术，政府有权在不变更权属的前提下决定将该技术成果产业化。

这种政府基于财政投入的介入与《中华人民共和国促进科技成果转化法》（以下简称《促进科技成果转化法》）的相关原则是一致的。《促进科技成果转化法》第二十四条规定，对利用财政资金设立的具有市场应用前景、产业目标明确的科技项目，政府有关部门、管理机构应当发挥企业在研究开发方向选择、项目实施和成果应用中的主导作用，鼓励企业、研究开发机构、高等院校及其他组织共同实施。

二、优化高校科技成果转化的制度环境

近年来颁布实施的一系列法律、政策为促进高校科技成果转化提供了制度保障。在此基础上，高校自身还须建立起专业化技术转移机构和职业化技术转移人才队伍，确保技术转移路径的畅通。解决高校科技成果转化问题，有赖于健全的促进高校科技成果转化的机制。

2018年3月，一则关于中南大学刘楚明教授团队持有的3件专利作价1亿元进行投资的消息，再次引发各界对高校科技成果转化的关注。

解决高校科技成果转化问题，有赖于健全的促进高校科技成果转化的机制。2015年，全国人大常委会对1996年颁布实施的《促进科技成果转化法》进行了第一次大规模修订，确定了成果转化的基本原则、管理体制、实施方式、激励机制和保障措施等基本制度。2016年，国务院发布《实施〈促进科技成果转化法〉若干规定》，从促进研发机构、高等院校技术转移，激励科技人员创新创业，营造科技成果转移转化良好环境等方面，对相关规定进行了细化。此后，国务院办公厅印发《促进科技成果转移转化行动方案》，教育部、中科院等部门制定细化落实文件，北京、上海、深圳、广州等地也相应出台地方性文件。可以说，适应我国发展阶段的促进科技成果转化制度体系目前已初步形成。

新的促进科技成果转化制度体系中，不涉及职务科技成果所有权的变更，而是通过下放成果的使用权、处置权和收益权来鼓励高校和科研人员进行科技成果转化。如此一来，高校对其持有的科技成果，可以自主决定转让、许可或者作价投资，不需进行审批或备案。同时，高校转化科技成果所获得的收入全部留归单位，纳入单位预算，不用上缴国库。除此之外，在新的制度体系下，高校对职务科技成果完成人和为成果转化作出重要贡献的人员的奖励金额也得到了提高。

为了进一步激发科研人员创新创业积极性，2016年11月，中共中央办公厅、国务院办公厅印发了《关于实行以增加知识价值为导向分配政策的若干意见》。意见要求加强科技成果产权对科研人员的长期激励，包括探索对科研人员实施股权、期权和分红激励，加大在专利权、著作权、植物新品种权、集成电路布图设计专有权等知识产权及科技成果转化形成的股权、岗位分红权等方面的激励力度。同时规定，对符合条件的股票期权、股权期权、限制性股票、股权奖励以及科技成果投资入股等实施递延纳税优惠政策。财政部等也出台了相应的关于股权激励和技术入股的所得税优惠政策。

除了强化分配激励措施外，营造宽松环境对于解决高校科技成果转化问题同样重要。为激发高校等事业单位专业技术人员的创新活力和创业热情，营造有利于创新创业的政策和制度环境，2017 年 3 月，人社部印发《关于支持和鼓励事业单位专业技术人员创新创业的指导意见》，鼓励高校的专业技术人员兼职创新、在职创办企业和离岗创新创业。该意见规定，在专业技术人员兼职创新或在职创业期间，取得的成绩可以作为职称评审、岗位竞聘、考核的重要依据；如自愿流动到兼职单位工作或提出解除聘用合同的，原单位应及时办理相关手续。同时规定，专业技术人员离岗创业，可在 3 年内保留人事关系，继续在原单位参加社保，继续执行原单位职称评审、培训、考核、奖励等管理制度；离岗创业人员返岗，如无相应岗位空缺，可暂时突破岗位总量聘用，并逐步消化。对于有意亲身投入科技成果转化工作的高校科研人员来说，上述措施不仅确保了自由选择的主动性，而且解除了创业失败的后顾之忧。

党的十九大报告提出倡导创新文化，强化知识产权创造、保护、运用。这就要求高校必须提高源头创新和服务经济社会发展的能力。近年来颁布实施的一系列法律、政策为促进高校科技成果转化提供了制度保障。在此基础上，高校自身还须建立起专业化技术转移机构和职业化技术转移人才队伍，确保技术转移路径的畅通。

第四节　对国防知识产权的若干思考[❶]

国防知识产权的概念源于国家安全，基于国防科技工业体系，关乎武器装备建设，是指国防科技工业体系中形成的知识产权，以及在国防科技工业体系之外形成的涉及国家安全或武器装备建设的知识产权。我国国防知识产权工作已经取得长足发展，同时仍面临制约因素。在新的形势下，国防知识产权工作应当同武器装备创新发展和中国特色先进国防科技工业体系建设紧密结合，通过突破重点带动整体发展。

关于国防知识产权，至少有三个标志性事件值得关注：其一，2008 年 6 月 5 日，国务院印发《国家知识产权战略纲要》，"国防知识产权"和专利、商标、著作权等一并被列为国家知识产权战略的专项任务。这是"国防知识产权"作为专有名词，第一次出现在国家政策性文件中。其二，2011 年 11 月，经中央军委批准，决定成立中国人民解放军总装备部国防知识产权局。这是我国第一次在军委机关设立主管国防知识产权的专业机构，也标志着"国防知识产权"不只是国家政策性文件中的专有名词，而且是现实中的专项工作。其三，2014 年

[❶] 本节研究是与戴少杰合作而成，本书作者为第一作者。在此说明，并表示感谢！

12 月 4 日，在全军装备工作会议上，中共中央总书记、国家主席、中央军委主席习近平针对国防专利转化运用情况连发两问：国防专利到底转化了多少？还有多少创新成果处在"睡美人"状态？这意味着，国防知识产权已经受到国家最高领导人的关注，问题的重要性和紧迫性不言而喻。

将上述三个事件综合起来考虑，有以下几个问题值得反思：什么是国防知识产权？如何看待国防知识产权？国防知识产权工作应当向何处去？

长期以来，对于这些问题，尤其对于什么是国防知识产权，见仁见智、难有定论。基于履行管理职能、强化公共治理的立场审视，如果不能解决好上述问题，不仅制约着国防知识产权工作领域、范围、层次的深化、拓展和提升，也在一定程度上影响着国防知识产权的培育、配置和掌控。因此有必要从原点出发，厘清概念，指明方向。

一、什么是国防知识产权

回答什么是国防知识产权，目的在于把握国防知识产权的特有属性。要实现这一目的，就需要从源头开始，追溯国防知识产权形成的现实性、存在的必要性和发展的规律性。

（一）为什么要提出国防知识产权

从世界范围来看，很难找到国防知识产权的类似表达。从国内发

23

展考察，与国防知识产权类似的概念，先后有国防科技工业知识产权、军工知识产权和装备知识产权等表述。要理解为什么提出国防知识产权、国防知识产权是否具有独立性，需要考察作为国防科技发展和武器装备建设基础的我国国防科技工业。

在计划经济体制下，我国国防科技工业是一个独立的比较完整的工业体系。20 世纪 80 年代，我国开始建立知识产权制度，当时国防科技工业自成体系的特点并未发生任何改变。这就客观上为国防知识产权的形成创造了条件。以国防专利为例，1979 年我国着手起草专利法，在起草过程中，中国专利局认为，对涉及国家安全的发明创造如何进行专利保护问题是一个不容回避的特殊问题，不认真对待可能会给国家带来损失。有鉴于此，中国专利局多次与国防科委协商，希望国防科委能够解决这方面的问题。1980 年 6 月，国防科委与中国专利局就国防专用发明进行专利保护问题达成一致意见。9 月，根据与中国专利局商谈的意见，国防科委科技部向国防科委领导呈送《关于国防专用发明实行专利制度的建议》的报告，其中，明确提出了"国防专利"的表述。❶ 1990 年 7 月 30 日，国务院、中央军事委员会批准《国防专利条例》，国防专利作为法定的概念被确立下来。考察国防专利概念的形成过程，可以发现，虽然起因是国家安全问题，但实质上是计划经济体制和市场经济机制相结合的产物，其产生的土壤是我国独立的国防科技工业体系。

在国防专利基础上发展起来的国防知识产权，立足于中国特色社

---

❶ 林建成. 国防专利 [M]. 北京：国防工业出版社，2005：16－17.

会主义制度实践而形成。国防知识产权概念，根源于传统的计划经济体制，因此，在一定程度上属于体制性的概念。国防知识产权概念，直接的动因在于市场机制的引入，是传统体制对市场经济体制的回应，因此，可以理解为对策性的概念。

（二）国防知识产权的概念界定

关于如何界定国防知识产权概念，目前尚未形成统一的认识。从定义的角度分析，不外列举主义和概括主义两种。列举主义是通过系统地列举所保护的权项，划定国防知识产权权利体系的范围。概括主义则是通过对保护对象的抽象描述，简要说明国防知识产权的属加种差。从逻辑关系分析，国防知识产权是知识产权的下位概念，国防知识产权所包含的权利类型必然涵盖在知识产权之内。现阶段，我国法律保护的知识产权主要有著作权、专利权、商标权、商业秘密权、集成电路布图设计专有权、植物新品种权等类型。因此，以列举方式来定义国防知识产权并不能体现其特点。对于国防知识产权的定义更适合采用概括主义，通过抽象化方式提炼出共同特性。

从起源考察，国防知识产权概念源于国家安全，基于国防科技工业体系，关乎武器装备建设。采用概括主义定义，国防知识产权是指国防科技工业体系中形成的知识产权，以及在国防科技工业体系之外形成的涉及国家安全或武器装备建设的知识产权。具体而言，第一，国防知识产权是由组成国防科技工业体系的军工企事业单位产生的知识产权，在此前提下，无需考虑知识产权是由国家财政资助产生，还是由军工企事业单位自筹经费产生。第二，国防知识产权是涉及国家安全或武器装备建设的知识产权，在此前提下，国防科技工业体系之外的主体亦有可能产生国防知识产权。

基于上述分析，国防知识产权并不是新的知识产权权利类型，将其作为独立的研究范畴，根本的原因在于国防工业的特殊性。就我国现实情况来看，国防科技工业是一个相对独立完备的特殊工业体系，该领域的智力资源和智慧成果在培育、配置和调控等方面有其特殊的规律，知识产权制度在国防科技工业和武器装备领域的运行往往表现出有别于其他领域的特殊性。

（三）国防知识产权的主要特点

知识产权具有客体的非物质性、效力上的专有性、地域性和时间性等特征。❶ 由于国防科技工业和武器装备领域的特殊性，国防知识产权除具有知识产权的一般特征外，还具有特殊性。从权利结构来看，国家具有不受干涉的介入权；从权利客体来看，国防知识产权大量涉及国防科技和武器装备，信息较为敏感；从权利运用来看，国防知识产权首先要满足国防科技发展和武器装备建设的需要；从运行环境来看，国防知识产权并不完全适用市场规律。归结起来，国防知识产权表现出以下三个方面的特殊性。

第一，保密性。国防知识产权的保密性体现在两个方面：一是信息的保密性；二是管理的保密性。信息的保密性是因为国防知识产权

---

❶ 郑成思. 知识产权论[M]. 3 版. 北京：法律出版社，2003：64 - 75.

的相关信息涉及国家秘密，其交流与使用受到严格限制，通常要在保密环境下进行。管理的保密性是因信息的保密性带来的国防知识产权创造、运用、保护、管理、服务等环节也应当遵循国家秘密的有关管理要求。

第二，非完全市场性。现代知识产权制度是市场经济的产物，通过市场机制运作。国防知识产权在非完全市场环境下运行。一是市场参与者有限。一方面，国家是唯一的购买者；另一方面，国家对军品市场实行严格的准入制度，只有具有武器装备科研生产资格许可证的单位才能准入。二是市场机制与计划机制的融合。有限的交易主体和基本稳定的供求关系，决定了国防知识产权市场的局限性和竞争的不完全性。抛弃市场机制，将不利于国防知识产权的创造和保护，而完全依赖市场，又有损于国防利益。只有将两者协调起来，才能有效地配置国防资源，使国防知识产权在国防和经济领域充分发挥作用。

第三，权益分配特殊性。通常情况下，知识产权的权益分配遵循"谁创造、谁拥有"原则。国防知识产权在权利归属与行使、利益分配上具有特殊性。基于国防利益的需要，国家投资的涉及国防重大利益的专用科技成果，其知识产权归国家所有；归完成单位所有的，国家对权利人行使权利要进行必要的限制。

二、如何认识我国国防知识产权发展现状

正确对待国防知识产权，必须从实践出发，在实践中寻找答案。

2000 年，国防科工委发布《关于加强国防科技工业知识产权工作的若干意见》，标志着我国国防知识产权工作进入了主动作为期。16 年来，我国国防知识产权既有长足发展，也面临"成长的烦恼"。

（一）开展的重点工作

第一，军工企事业单位知识产权工作试点。2002 年，国防科工委选择 15 家单位组织开展了为期两年的知识产权试点工作。在加强制度建设、健全工作机构、提高专利数量等方面取得了实效，在实施军品科研生产的知识产权管理、建立有效激励机制、开展专利战略研究等方面进行了探索，为推动全行业知识产权工作积累了宝贵经验。

第二，国防科技工业知识产权推进工程。2004 年，国防科工委在全行业启动了为期两年半的推进工程。组织了近 400 个单位实施，健全了 3000 余项管理制度，培训了 20 余万相关专业人员，申请专利8969 件（相当于 1985～2004 年 20 年申请量的总和），注册商标 3577件，登记计算机软件 1768 件，完成了专利战略研究报告 60 余项，专利实施累计效益 178 亿元，达到了"全员动员、强化意识、健全制度、加强保护"的目标，极大地推动了全行业知识产权工作的整体发展。

第三，国防知识产权问题研究。2005 年，国防科工委牵头组织了国家知识产权战略制定专题十三"国防知识产权问题研究"，对国防领域的知识产权问题进行了较为系统的研究，提出了国防知识产权发展的指导思想、战略目标、重点任务和具体举措，初步构建了较为完整的国防知识产权理论框架。专题研究成果的核心内容已纳入《国家知识产权战略纲要》，为国家知识产权战略制定和实施提供了重要支撑。

第四，部署落实国家知识产权战略纲要。2008 年 12 月，《国家国防科技工业局关于贯彻落实国家知识产权战略纲要的实施意见》颁布实施，确立了"激励创造、强化管理、促进运用、有效保护"的政策地位，从完善国防科技工业知识产权制度、增强军工企事业单位知识产权综合能力、加强国防科技工业知识产权基础建设三个方面，描绘了未来一段时期国防知识产权工作科学发展的"新蓝图"。

第五，国防科研项目知识产权全过程管理试点工作。2009 年 2 月，国防科工局启动"国防科研项目知识产权全过程管理试点工作"，从重大专项、重点型号、科研计划中选取了若干典型项目，探索建立知识产权过程管理、专员制度、信息利用、奖酬激励等工作机制。试点工作辐射带动了 100 家承研承制单位、100 多项科研项目的知识产权工作，推动了国防知识产权管理与科研管理在体制机制上的融合。

（二）发展的阶段性特征

国家知识产权战略实施以来，国防知识产权工作取得了前所未有的成绩，迎来了发展繁荣的新阶段。综合分析，表现出以下四个方面的阶段特征。

一是知识产权创造的结构调整期。以专利为例。统计数字显示，国防领域全行业专利年申请总量，2008 年首次突破 1 万件，2010 年接近 2 万件，2014 年接近 4 万件，数量规模的快速增长，亟需通过结构调整，实现数量布局、质量取胜。

二是知识产权运用的政策驱动期。知识产权试点单位、知识产权推进工程、全过程管理试点等专项工作，以及一些管理政策的陆续出台，逐步形成了叠加效应，对国防科研、生产及经营中的知识产权运用的政策驱动作用逐步显现。

三是知识产权保护的外部高压期。一方面，由于坚持军民融合式发展，强调将国防建设植根于国民经济基础之上，来自民口的知识产权保护压力日益加大；另一方面，军事技术合作、军工技术合作及军品贸易中，知识产权保护已经成为外方重要的谈判筹码和政治工具。

四是知识产权管理的模式转换期。以往的知识产权管理更多地表现为成果管理，或者说，是按照成果管理的理念管理知识产权。随着知识产权战略实施的深入，各类管理主体开始从国防科技和武器装备建设全局高度统筹知识产权管理，开始关注并重视知识产权的财产属性、资本属性和战略性影响，知识产权管理由单一的成果管理模式向成果管理、财产管理、资本管理、战略性管理等共生并存的多元管理模式转换。

（三）面临的主要制约因素

其一，体制机制上的障碍。近年来，国防知识产权管理政策环境逐步改善，但是，由于国防领域的特殊性，知识产权管理在基础的牢靠性、环境的适应性、制度的融合性等方面还存在一些问题，体制机制性障碍依然没有消除。一是统一协调的国防知识产权管理机制尚未形成，国防知识产权管理中的国家意志难以体现。二是装备科研、国防科研计划管理、重大专项实施、国防科技奖励、军工企业重组上市监管等政策中，虽然纳入了知识产权管理的内容，但是知识产权管理缺乏顶层的政策导向，政策之间相互衔接和协调不顺畅，有些规定不完善，操作性不强。三是国防科研、生产及经营全流程中的知识产权管理链条不完整，军品定型、转接产和批产、军品交付中技术资料问题缺乏相应的知识产权政策规制，军事技术合作、军工技术合作及军品贸易中的知识产权管理缺乏专门的政策依据。

其二，管理理念上的束缚。一是受"谁投资，谁享有"的认识束缚。科研计划主管部门坚持"谁投资，谁享有"，国防知识产权归属于国家的政策界线难以突破。二是受"二次付费"的认识束缚。装备采购部门不承认装备中的知识产权价值，拒绝为智力劳动成果买单。三是受"国家掌控即国家享有"的认识束缚。认为只有国家享有知识产权，才能达到掌控的目的。事实上，"国家掌控"是对军品科研成果产出及实施转化情况的动态掌握、过程监管和保密限制，并不在于国家直接享有知识产权。

其三，管理能力上的不足。一是知识产权管理的政策能力不足。知识产权管理政策的制定缺乏顶层谋划和系统性的统筹，有些规定存在内容冲突，导向相左，一定程度上削弱了知识产权管理的政策合力。二是管理目标不明确。科研计划主管部门、承研承制单位，对知识产权管理目标缺乏清晰的认识，为管理而管理较为普遍。三是管理方法不科学。缺乏对知识产权一般规律的认识，计划的、行政的管理方法用得多，市场的管理方法用得少。四是管理条件不完备。表现为知识产权管理的机构、人员、资金、信息等没有完全到位。

三、如何推进国防知识产权创新发展

（一）外部环境

21 世纪以来，以信息化为主要特征的世界新军事变革加速推进，国防科技的创新发展成为推动武器装备跨越发展的核心动力，国家间军事竞争，越来越表现为国防科技实力的竞争，世界主要军事国家更加重视鼓励创新，更加重视知识产权，更加重视通过政策调整和机制变革，发挥知识产权撬动科技创新的杠杆效应。

在强化宏观管控、提升治理能力方面，美国《联邦采办条例》和《联邦采办条例国防部补充条例》❶ 将知识产权管理内容纳入项目立项、合同谈判、合同履行、合同验收等国防采办全流程，将知识产权管理职责配置给专业机构、合同官员、项目承包商。通过统一政策，强化国防领域知识产权宏观管控，建立知识产权集中统管机制；通过严格标准，增强国防领域知识产权治理能力，实现知识产权与装备全寿命管理的衔接与融合。

---

❶ USA. Defense Federal Acquisition Regulation Supplement（DFARS（and Procedures, Guidance, and Information（PGI）［EB/OL］.（2016 - 12 - 22）［2017 - 8 - 30］. http：// www. acq. osd. mil/dpap/dars/dfarspgi/current/.

在发挥市场功能、优化激励机制方面，美国《拜杜法案》❶ 建立了承包商履行发明报告义务与选择保留发明权利相统一的知识产权权属制度，确立了以市场换创新的政策典范。西方军事强国纷纷跟进，英国发布《国防部知识产权指南》❷，规定政府资助产生的智力成果的知识产权归承包商所有；德国、加拿大、澳大利亚等国家在国防领域知识产权政策先后引入"谁创造，谁享有"的权利归属原则。通过实施符合市场规律的权属政策，将权利和市场份额作为激励手段，吸纳优势民用科技和民间科技力量到国防领域中来。

在推进军民融合、释放创新潜能方面，美国的专利保密令（Secrecy Order）❸ 在实践中控制总量，保密和解密流程进出通畅，以此减少保密对技术转移的阻力；组建专门技术转移机构，鼓励大学、联邦实验室将科研成果从"保险箱"里转移到市场中去，纳入国防领域中来；建立联邦政府介入权（March – in Right）制度，约束承包商将创新成果优先应用于本国工业。

（二）形势与需求

党的十八届三中全会上，《中共中央关于全面深化改革若干重大问

---

❶ USA. Bayh – Dole Act ［EB/OL］. （2013 – 07 – 01）［2017 – 8 – 30］. https：// grants. nih. gov/grants/bayh – dole. htm.

❷ UK. Ministry of Defense Guidelines for Industry［EB/OL］. （2007 – 10 – 01）［2017 – 8 – 30］. https：//sbri. innovateuk. org/documents/1524978/1866952/IPR + Guidelines + for + Industry/498f79f2 – 2cf8 – 47ff – b926 – d13fd48da1f1.

❸ USA. Manual of Patent Examining Procedure, Chapter 0100 Secrecy, Access, National Security, and Foreign Filing, 120 – Secrecy Orders［EB/OL］. （2015 – 04 – 11）［2017 – 8 – 30］. https：//www. uspto. gov/web/offices/pac/mpep/mpep – 0100. html.

题的决定》提出了深化国防和军队改革的总体部署，国防知识产权领域面临改革发展的新形势、新需求。

按照"完善产权保护制度"，"市场决定资源配置"的要求，需要发展和完善中国特色国防知识产权制度，建立归属清晰、权责明确、保护严格、流转顺畅的现代国防知识产权制度，处理好行政调控和市场规则关系，充分利用市场手段优化国防领域创新资源配置。

按照"完善国防科技协同创新体制，改革国防科研生产管理和武器装备采购体制机制，引导优势民营企业进入军品科研生产和维修领域"的要求，需要加强国防知识产权商业化模式创新，运用知识产权政策工具解决制约国防科技成果转移转化的关键问题，以知识产权利益分享为纽带联结国防科技协同创新链条；需要进一步强化国防科研生产管理和武器装备采购中的知识产权政策导向；需要切实发挥知识产权对创新要素配置的导向作用。

按照"在国家层面建立推动军民融合发展的统一领导、军地协调、需求对接、资源共享机制"的要求，需要加强国防知识产权宏观管理的统筹协调，克服各部门、各方面、各环节国防知识产权管理分散封闭、交叉重复等碎片化现象，进一步优化国防知识产权管理机构设置、职能配置和工作流程，形成权责一致、分工合理、决策科学、执行顺畅、协同高效的国防知识产权行政管理体制机制。

按照"加强知识产权运用和保护，健全技术创新激励机制"的要求，需要健全国防知识产权保护制度，加强国防知识产权执法体系建设，建立国防知识产权维权援助机制；需要着力完善国防知识产权运用基础制度，加快建立健全国防专利保密解密工作机制、发明报告制度、信息交流和资源共享机制，围绕技术创新链条完善知识产权利益链条。

（三）发展重点

在新的形势下，国防知识产权工作能不能抓住新机遇、解决新问题、实现新发展，是必须深入思考并认真解决好的重大而紧迫的现实课题。要解决好这一课题，就必须进一步把知识产权工作同武器装备创新发展紧密结合起来，同中国特色先进国防科技工业体系建设紧密结合起来，同军工企事业单位主营业务紧密结合起来，按照主线清晰、效果明显、成长性强、显示度高的原则，丰富工作抓手，充实工作内容，协调好专项工作与日常工作的关系，坚持有所为有所不为，通过突破重点带动整体发展。

在当前和今后一段时期内，国防知识产权工作应当围绕以下三个方面重点发力。

一是围绕实施创新驱动发展战略，在国防科技和武器装备关键技术领域培育和掌控一大批自主知识产权。国防领域的关键技术是买不来的，只有把提高自主创新能力作为建设先进国防科技工业的核心和关键，掌握一大批关键技术领域的自主知识产权，才能真正为实施创新驱动发展战略储备充足的动能，也才能真正把握创新发展的主动权。

二是围绕军民融合深度发展，推动国防知识产权转移转化，发挥国防知识产权辐射带动作用，服务国民经济发展。国防科技工业创新要素密集，投资规模大，自主可控要求高，属于知识密集型和技术密

35

集型战略产业，知识产权资源丰富。有必要全面推动国防知识产权转移转化，鼓励军工企业采取技术转让、合作开发和二次开发等方式，推进军工高技术向民用领域转移，服务国民经济发展。

三是围绕国防科技协同创新，健全"归属清晰、权责明确、保护严格、流转顺畅"的现代国防知识产权管理制度。以知识产权利益分享为纽带联结国防科技协同创新链条，充分发挥知识产权权利归属和利益分享政策调整科研开发和成果转化中各方当事人技术、经济利益关系的杠杆作用，激发国防科技自主创新的内生动力。

第二章　著作权领域的新问题

本章重点讨论著作权领域的新问题，包括：大规模开放在线课程（Massive Open Online Courses，MOOC）平台的著作权风险和对策问题；对保护作品完整权案例的实证分析；大数据产业面临知识产权保护挑战和立法问题；针对创新实践中具体问题的探讨，涉及版权侵权案件如何使用电子数据证据；网络服务商是否需要承担侵权责任；出版课外读物需要关注哪些版权问题；体育赛事节目应该如何保护；杂技节目如何获得著作权保护。

第一节　MOOC 平台的著作权风险及对策❶

随着 MOOC 平台上线课程的增多，MOOC 平台运营可能面临着越来越大的著作权风险。为了解 MOOC 平台的实际运行情况，在对

---

❶ 本节研究是与乔林、林思彤合作而成，本书作者为第一作者。在此说明，并表示感谢！

MOOC 授课教师和学员开展了问卷调查的基础上，参照目前在线教育平台著作权纠纷的案例与现状，从 MOOC 的作品性质、权利归属以及 MOOC 对他人作品的合理使用三个角度入手，就 MOOC 平台可能面临的著作权归属和著作权侵权纠纷的风险展开分析并提出对策建议。

大规模开放在线课程（Massive Open Online Course，MOOC）也称慕课，是以信息网络技术为支撑，向公众主要提供免费在线课程的新型教育模式。从 2012 年发展至今，我国 MOOC 数量已居世界第一位，460 余所高校建设的 3200 余门 MOOC 上线至课程平台，5500 万人次高校学生和社会学习者选学课程。❶

一、目前关于 MOOC 的研究

当前国内针对 MOOC 的研究主要可以分为以下三类：第一类，主要从高等教育发展层面，研究 MOOC 的基本特征、发展趋势及其影响。相关研究指出，与传统课程相比，MOOC 具有规模化、开放性、网络化和创新性四个特点❷，MOOC 的快速发展对高等教育来说既是机遇也是挑战❸。第二类，主要从课程组织层面，研究 MOOC 课程的教学理

---

❶ 李澈，龙超凡. 慕课如何"打开"教学新方式［N］. 中国教育报，2018 - 1 - 17（3）.

❷ 陈肖庚，王顶明. MOOC 的发展历程与主要特征分析［J］. 现代教育技术，2013，（11）：5 - 10.

❸ 王文礼. MOOC 的发展及其对高等教育的影响［J］. 江苏高教，2013，（2）：53 - 57.

38

念、教学方法和具体措施。相关研究着重分析 MOOC 课程对现有教学模式的冲击❶，指出高自主性和高退出率在 MOOC 中并存❷，为推进 MOOC 发展，需要创新 MOOC 课程教学设计，加强学习支持服务以及建立平台标准❸。第三类，主要从平台运营层面，研究 MOOC 平台提供商和产业链模型。相关研究指出，MOOC 平台的有效运营是 MOOC 持续发展的重要保障❹，其创新的运营模式集中体现在风险投资、协同创新、发展战略及免费分享与增值服务四个方面❺。

值得注意的是，MOOC 作为一种新型教育模式不仅对传统的课堂教学产生了一定的冲击，同时随着平台上线课程的增加，MOOC 平台运营也面临着新的挑战。这其中尤为关键的是如何解决著作权风险，然而目前国内现有的研究中仍然缺乏这方面的系统分析。国外的一些研究者已经注意到著作权对 MOOC 发展的重要性。美国学者研究指出，MOOC 课程平台的运营需要完善的内容控制、平台控制和认证控制❻，其中内容控制的关键就是著作权问题。澳大利亚学者认为，著作权问题已成为教育机构参与 MOOC 的一大挑战，大学需要聘请专业人士处

---

❶ 乔林，何隽. 大规模开放在线课程实践与现存问题［J］. 教育研究前沿，2016（4）：138－144.

❷ 高地. MOOC 热的冷思考——国际上对 MOOCs 课程教学六大问题的审思［J］. 远程教育杂志，2014（2）：39－47.

❸ 冀付军，李利聪. 我国发展 MOOC 的推进策略研究［J］. 中国远程教育，2014（11）：27－32.

❹ 董晓霞，李建伟. MOOC 的运营模式研究［J］. 中国电化教育，2014（7）：34－39.

❺ 陈文竹，王婷，郑旭东. MOOC 运营模式创新成功之道：以 Coursera 为例［J］. 现代远程教育研究，2015（3）：65－71.

❻ Maureen W. McClure. Investing in MOOCs："Frenemy" Risk and Information Quality［M］∥ J. Zajda & V. Rust（Eds.），Globalisation and Higher Education Reforms，Globalisation，Comparative Education and Policy Research. Switzerland：Springer，2016：77－94.

理 MOOC 涉及的著作权安排，以确保大学、教员、开发团队、平台提供商及合同第三方在处理著作权事宜时获得明确的指导。❶

目前，MOOC 进入快速发展期，更多社会资源加入 MOOC 平台建设，为了确保 MOOC 平台的健康发展，需要未雨绸缪，对著作权风险做出应对准备。本文从 MOOC 的作品性质、权利归属以及 MOOC 对他人作品的合理使用等三个角度入手，就 MOOC 平台可能面临的著作权归属和著作权侵权纠纷的风险展开分析并提出应对建议。同时，为了解 MOOC 平台的实际运行情况，本书作者对相关群体开展了问卷调查❷，下面将以法理分析为基础，并结合问卷调查结果展开分析。

二、MOOC 的作品性质

与传统的个人授课行为不同，大多数情况下 MOOC 课程制作不是教师个人可以独立完成的，除教师外还有摄像团队、平台维护团队和其他辅助工作人员的参与。另外，MOOC 的课程制作经费通常由校方支付或平台提供支持。因此，首先需要讨论 MOOC 是否属于职务作品

---

❶ Robert Fox. MOOC Impact beyond Innovation [M] // C. Clarence Ng, R. Fox, and M. Nakano (Eds.). Reforming Learning and Teaching in Asia – Pacific Universities. Singapore：Springer，2016：159 – 172.

❷ 调查问卷采用网上问卷形式，利用问卷星平台发放。问卷内容包括两个部分：MOOC 的著作权归属与 MOOC 的作品性质。调查对象包括清华大学参与"学堂在线" MOOC 建设的授课教师、正在参加 MOOC 学习的在校学生和职业发展初期的人士。本次调查共回收有效问卷 73 份。为验证调查问卷的可靠性和有效性，进行测量信度与效度分析。经计算，克朗巴赫 α 系数为 0.9095，说明问卷整体信度良好。内容效度方面，调查问卷的内容设计与研究主题吻合，获得了相关咨询专家的认可，内容效度比 CVR 为 0.7143。

或委托作品，作品性质的差别将直接导致著作权归属的不同。

（一）MOOC 是否为职务作品？

我国《著作权法》规定，公民为完成法人或者其他组织工作任务所创作的作品是职务作品。因此，职务作品需要同时满足两个条件：第一，作品是以作者履行职务为基础所进行的创作，即作者与法人或其他组织之间存在一定的雇佣关系。第二，作者创作该作品的目的是完成法人或其他组织所交付的工作任务。这里的工作任务，是公民在该法人或者组织中应当履行的职责，包括但不限于劳动合同所产生的工作任务，上级部门或领导根据职能分工以专门文件、领导批示、口头指示等形式下达的工作任务也包含在内❶。

因此，分析 MOOC 是否属于职务作品，首先，要考察授课教师与校方或 MOOC 平台之间是否存在雇佣关系；其次，要考察 MOOC 的录制、线上辅导及教案准备等是否属于授课教师的工作任务。如果同时满足上述两项，则属于职务作品。

授课教师与校方之间存在雇佣关系是毫无疑问的，但是 MOOC 制作和上线是否属于工作任务则存在疑问。通常来说，教师的授课工作只包括课堂面授部分，MOOC 制作需要准备专门教案、编写拍摄脚本、完成课程拍摄、后期制作和线上辅导，这些额外的工作显然并不包含在教师原有的工作任务之内。对相关教师的问卷调研也可以发现，71% 的教师并不认为录制 MOOC 课程属于完成教学任务的一部分。在

---

❶ 费安玲. 著作权法教程［M］. 北京：知识产权出版社，2003：59.

41

MOOC 课程建设中，目前一些高校采用给予教师工作量认定的激励形式，如清华大学在 MOOC 首次上线开课时，按照课程的 3 倍课时认定工作量。考虑工作量的认定，可以认为 MOOC 课程建设是单位交付的其他工作任务，因此，可以认为 MOOC 属于职务作品。

（二）MOOC 是否为委托作品？

委托作品是受托人根据委托人的要求所创作出的作品。委托作品具有如下特征：首先，作者对作品的创作是基于委托人的委托，而非作者主动地、自发地进行创作。其次，委托作品主要体现委托人的意志，即无论作者采用何种创作手法和方式完成作品，都不能脱离委托人的要求，必须在满足委托人要求的基础上完成委托作品的创作。此外，委托作品一般来说是有偿的，委托人与受托人通常会订立合同，对作品的要求、交付与报酬等事项进行明确的约定。受托人按照要求完成作品创作之后，委托人会支付一定的报酬给受托人。❶

因此，分析 MOOC 是否属于委托作品，重点要考察 MOOC 的制作是否基于平台的委托，主要体现平台的意志，同时委托方就此支付给授课教师相应的报酬。就委托作品创作达成合意并签署委托合同，是认定委托作品的重要依据。现有的收费在线教育平台，如"新东方在线"平台发布的课程，新东方迅程公司通过与授课教师签订委托合同的方式，约定完成后的教学视频和讲义的著作权归属于新东方迅程公司，授课教师仅享有署名权。对于 MOOC 而言，基于委托合同对著作

---

❶ 李明德，许超. 著作权法［M］. 北京：法律出版社，2003.

权归属进行约定的方式同样适用。

但是，实践中 MOOC 平台和教师之间针对课程建设几乎都未签署委托协议，也并未形成事实上的委托关系。这其中很重要的原因是，MOOC 的课程内容在很大程度上是教师基于个人的知识储备和教学经验而完成，通常并不是根据平台的意志来组织课程内容和选择教学方法，并不体现 MOOC 平台意志。对相关教师的问卷调查也同样发现，57% 的教师在与 MOOC 平台合作时，仅确定了课程名称，未约定课程具体内容，由教师自行设计；28% 的教师与平台合作时，对课程提纲进行了商定。同时，针对 MOOC 制作，平台方通常只提供课程拍摄等制作费用的支持，并不会直接给予教师报酬。由此也反映出 MOOC 平台与教师之间并未形成委托关系，MOOC 通常也不反应平台的意志，因此，通常情况下 MOOC 并不属于委托作品。

三、MOOC 的著作权归属

当前，MOOC 平台的发展有政策支持和高校依托，著作权归属问题通常并未成为优先解决事项，也尚未出现争议。但是，从长远来看，著作权归属是 MOOC 平台必须解决的问题，权利归属决定收益分配，也决定平台能否可持续发展。

针对如何解决 MOOC 的著作权归属问题，国外也尚无定论，具有代表性的有两种意见。一种意见认为，大学应该与教员充分协商后决定。例如，英国学者在对 81 所英国大学的在线教育情况进行实证研究后发现，大约有 76% 的英国大学在其著作权政策中声称大学拥有在线课程资料的著作权，但是由于牵涉诸多方面的利益，权利归属依然是一个复杂的问题。因此，该研究建议大学与教员之间应该就著作权归属问题进行协商合作，以平衡双方权利的方式解决著作权问题❶。又如，美国学者指出，在传统的面授教育中，校方认为学术和教学自由是保证教学质量的最佳途径，教师通常拥有教学资料的著作权。但是，随着在线教育的出现，校方通过合同约定和著作权政策的方式拥有著作权的情况开始增加，而高等教育职业机构支持教师争取其著作权。该研究认为，知识产权分配问题反映了在教学模式转换期对高等教育中教学任务和机构目标的重新界定，相关问题需要充分讨论，而不能任由机构消解教师的知识产权❷。另一种意见则认为，MOOC 应该遵循开放性原则。例如，南非学者指出，对于教育者，他们并不希望占有思想，而是希望传播思想，可以通过知识共享许可（CC 许可）合法分享学习资源❸。又如，美国学者认为，基于 MOOC 开放性的特点，MOOC 中的学习资源应该可以根据开放许可协议获取，或者干脆不受

❶ Elizabeth Gadd & Ralph Weedon. Copyright Ownership of E – learning and Teaching Materials：Policy Approaches Taken by UK Universities ［J］. Education and Information Technologies，2017，22（6）：3231 – 3250.

❷ Lynn S. Aaron1 & Catherine M. Roche. Intellectual Property Rights of Faculty in the Digital Age—Evolution or Dissolution in 21st Century Academia？ ［J］Journal of Educational Technology，2015，43（3）：320 – 341.

❸ Laura Czerniewicz，Andrew Deacon，Michael Glover & Sukaina Walji. MOOC—Making and Open Educational Practices ［J］. Journal of Computing in Higher Education，2017，29（1）：81 – 97.

著作权保护❶。德国学者指出，在以德国、奥地利、瑞士为代表的中欧德语区国家，实行严格的版权保护，且高等教育通常是免费提供或收费非常低，因此 MOOC 只有采用开放教育资源模式，才可能良性发展❷。

（一）MOOC 作为职务作品的著作权归属

根据我国《著作权法》和《中华人民共和国著作权法实施条例》（以下简称《著作权法实施条例》）的规定，在一般情况下，职务作品的著作权由作者享有，但法人或者其他组织有权在其业务范围内优先使用。作品完成两年内，未经单位同意，作者不得许可第三人以与单位使用的相同方式使用该作品；经单位同意，作者许可第三人以与单位使用的相同方式使用作品所获报酬，由作者与单位按约定的比例分配。

就职务作品的著作权归属，《著作权法》还规定了两类特殊情况：第一类，主要是利用法人或者其他组织的物质技术条件创作，并由法人或者其他组织承担责任的工程设计图、产品设计图、地图、计算机软件等职务作品，作者享有署名权，著作权的其他权利由法人或者其他组织享有，法人或者其他组织可以给予作者奖励。第二类，直接由

---

❶ J. Michael Spector. A Critical Look at MOOCs［M］// Jemni M., Kinshuk, K. M.（eds（Open Education：from OERs to MOOCs. Berlin, Heidelberg：Springer, 2017：135–147.

❷ Martin Ebner, Anja L, Elke, L, Michael, K, Swapna, K, Sandra, S. & Andreas, W.（2017（How OER Enhances MOOCs—A Perspective from German–Speaking Europe［M］// Jemni M., Kinshuk, K. M.（eds）Open Education：from OERs to MOOCs. Berlin, Heidelberg：Springer, 2017.

法律、行政法规规定或者合同约定著作权由法人或者其他组织享有的职务作品。

对于 MOOC，如果 MOOC 制作被认为是教师的工作任务，则属于职务作品，但是并不属于《著作权法》所规定的特殊情况。作为一般职务作品，MOOC 的著作权由具体授课教师享有，但校方有权优先使用，包括在 MOOC 平台上线。在 MOOC 完成两年内，未经校方同意，授课教师不得许可给第三方以相同的方式使用；经校方同意的使用，所获报酬需要在教师和校方之间分配。当然，校方可以通过合同与教师就著作权归属进行约定，在没有约定的情况下，著作权仍然属于教师所有。

根据对相关教师的问卷调查，绝大部分 MOOC 视频文件制作是由专业摄制团队完成课程制作，且制作费用主要由校方或平台提供。另外，校方或平台所提供的费用主要用于 MOOC 视频文件的录制和制作，并不包括授课教师的报酬。也就是说，MOOC 视频文件的制作主要是利用了校方或平台提供的物质技术条件，这也为校方和平台就著作权归属与授课教师进行协商提供了条件。至于 MOOC 讲义，主要由授课教师独立完成，其著作权在没有转让的情况下均属于教师所有。

尽管目前教师、校方和平台对于 MOOC 的著作权归属通常采取回避态度，模糊处理，但是，就著作权归属的意愿进行调查，发现 43%的受访教师认为 MOOC（包括课程视频、声频和讲义）的著作权应归属于教师；28%的受访教师认为 MOOC 的著作权应该由教师、校方和平台共同所有。

（二）在线教育平台课程的著作权权属认定

MOOC 自 2012 年进入国内，目前尚未出现直接针对 MOOC 的著作权权属争议。但是，先期发展的付费在线教育平台已经遭遇了多起著作权权属纠纷和著作权侵权纠纷，即使在著作权侵权纠纷中，首先也必须确定著作权权属关系。以下用"新东方在线"的两个案例来分析法院对在线教育平台课程著作权权属认定遵循的原则，相关原则对于 MOOC 平台同样适用。

案例一为 2015 年新东方迅程公司（下称新东方）诉上海媒沃网络科技有限公司（下称媒沃公司）侵犯其作品的信息网络传播权案。新东方诉称，媒沃公司在天猫网开设的网店，未经允许销售新东方享有著作权的多个在线课程教学视频。庭审中，新东方提交的 DVD 课件视频均标明了授课教师；所提交的《作品登记证书》显示著作权人为新东方。同时，新东方提交了其与授课教师签订的《课程录制合同》和《课程直播 + 录播合同》，合同约定新东方采取直播课堂形式直播或录播该教师作为讲授人的课程，形式为视频，新东方对直播内容和录音录像制品享有所有权、著作权和其他相关权利，授课教师对直播内容享有署名权。对于新东方主张涉案 5 段视频的著作权，北京市海淀区人民法院审理后认为，新东方未能证明其所主张的涉案 5 段视频包含在《作品登记证书》所载明的作品中，从授课人与其签订的合同内容也无法看出涉案 5 段视频包含在合同所授权的教学视频中。因此，法院没有支持新东方是视频课程的著作权人的主张。对于新东方主张其享有涉案 5 段视频的录制者权，法院认为，涉案 5 段视频均显示了"新东方在线"及其网址标识，在无相反证据的情况下，可以认定涉案 5 段视频为新东方录制。即法院认可了新东方作为录像制作者的身份，但没有确认著作权人的身份。该案最终认定被告媒沃公司侵犯了新东方作为录像制作者的信息网络传播权。

案例二为 2016 年新东方迅程公司（下称新东方）诉北京皖枫林电子商务有限公司（下称皖枫林公司）和天猫公司侵害其作品信息网络传播权案。新东方诉称，皖枫林公司在天猫网开设的网店，在销售考研英语复习资料等书籍时，未经其许可，将其享有著作权的新东方英语、数学及政治辅导教学视频、音频、电子文书等资料赠送给买家，给其造成巨大的损失。案件审理中，新东方提供的涉案视频文件上均带有新东方的标识；提供的涉案教学讲义文件上有主讲人的署名。涉案教学视频和讲义的授课教师均发表声明，称该案中本人所享有的著作权已转让给新东方迅程公司，相应著作权由新东方迅程公司享有。杭州市余杭区人民法院因此认定：对新东方能够提供正版文件的教学视频，推定新东方为著作权人；对新东方能够提供正版文件的涉案讲义，推定署名主讲人为著作权人，现署名主讲人声明将著作权转让给新东方，故新东方享有涉案讲义的著作权。该案最终认定被告皖枫林公司侵犯了新东方对涉案录像制品和文字作品所享有的信息网络传播权，天猫公司已履行网络服务提供者的注意义务，不存在明知或应知的过错，则无需承担侵权责任。

以上两个案件均涉及在线教育平台课程的著作权归属。在认定著作权归属时，法院遵循以下三条原则：第一，将在线教育课程区分为教学视频和讲义两类，教学视频属于录像制品，讲义属于文字作品。第二，在认定著作权归属时，根据 2002 年《最高人民法院关于审理著作权民事纠纷案件适用法律若干问题的解释》，"在作品或者制品上署名的自然人、法人或者其他组织视为著作权、与著作权有关权益的权利人，但有相反证明的除外。"因此，在没有相反证明的情况下，视频文件和讲义上署名人即视为著作权人或邻接权人。第三，讲义的署名人和教学视频的授课人可以通过授权合同等方式将著作权转让给在线教育平台。上述原则在 MOOC 平台面临著作权权属争议时同样适用。

四、MOOC 对他人作品的合理使用

教育的本质是对人类文明的传承。因此，教学过程中就必然会使用到他人享有著作权的作品。著作权法为此专门规定了合理使用制度，以确保为了教学需要可以不经过著作权人许可使用其作品，也无需支付报酬，以此达成作品著作权人的权利与公众受教育权之间的平衡。

（一）为教学需要的合理使用

合理使用制度作为著作权法的一项基本制度，是指无需经得著作权人同意，也可不向其支付报酬而使用著作权人作品的情形。可以说，合理使用制度是著作权人向作品使用者让渡部分财产性权利，以此协调著作权人、作品使用者和传播者之间的利益关系，并试图在保护著

作权人合法权益的同时促进文化教育事业的发展。

我国《著作权法》规定，为学校课堂教学或者科学研究，翻译或者少量复制已经发表的作品，供教学或者科研人员使用，可以不经著作权人许可，不向其支付报酬，但应当指明作者姓名和作品名称，同时不得出版发行。《信息网络传播保护条例》也规定，为学校课堂教学或者科学研究，通过信息网络向少数教学、科研人员提供少量已经发表的作品，可以不经著作权人许可，不向其支付报酬。根据上述规定，"学校课堂教学"属于合理使用范围，但是使用的方式和范围有一定的限制，包括：不得出版发行，以及仅可向少数教学人员提供少量已经发表的作品。

2014 年，浙江省东台市唐洋中学（以下简称"唐洋中学"）因为在学校网站上提供北京中文在线数字出版股份公司（以下简称"中文在线"）享有信息网络传播权的作品《雾雨电》被控侵权。唐洋中学认为，其在网站上提供涉案作品供用户阅读、下载，是为了促进教育与教学，属于合理使用，故不应被认定为侵权。一审法院江苏省盐城市中级人民法院认为，唐洋中学在其网站上提供涉案作品供公众阅读、下载的行为，不符合《著作权法》规定的合理使用的情形，即便是为了实现教育现代化，唐洋中学也应当通过正规渠道购买相关作品的使用权，故其抗辩理由并不成立，唐洋中学的行为构成了对中文在线关于涉案作品信息网络传播权的侵犯。唐洋中学不服，提起上诉。二审时江苏省高级人民法院认为，为学校教学使用已经发表的作品的，使用对象仅限于教学人员，并非社会公众，且应将作品使用于教学活动之中。本案中，唐洋中学网站已从"内网"扩展到向社会公开的"外网"，涉案作品已处于为不特定的人能够通过正常途径接触并可以知悉的状态，故唐洋中学的行为不属于为教学需要而合理使用作品的情形。对于唐洋中学上诉中所称，学校网站的访问量一直很低，不存在侵权行为，二审法院认为，网站的访问量低与是否构成侵权无直接关系，仅影响侵权赔偿责任的确定，故唐洋中学侵权成立。

在中文在线公司诉唐洋中学著作权侵权案中，二审江苏省高院的判决说明，为学校教学需要的合理使用的使用对象需要限定于特定的教学人员，使用范围应当限定于教学活动之中。如果社会不特定人群可以通过正常途径接触到相关作品，则不属于为教学需要的合理使用范畴。

（二）MOOC 如何适用合理使用制度

MOOC 的诞生为公众提供了更加方便、自由的学习平台和在线资源，随之而来，也产生了数量庞大的在线学习群体。如果 MOOC 不能适用合理使用制度，就会面临巨大的著作权侵权风险。因此，MOOC 对他人作品的使用能否适用以及如何使用合理使用制度就变得非常重要。

《著作权法》和《信息网络传播权保护条例》所规定的合理使用制度均使用"学校课堂教学"作为教学需要的设定，这一规定是基于传统的课堂教学模式。在课堂教学模式下，教师与学生进行面对面授课，授课群体有限，因此作品的使用群体人数有限。在线教育模式下，"学校课堂教学"不应继续作为适用合理使用的限定条件，而应该拓展到在线教育中。同时，MOOC 授课人数大幅度增加，作品使用者范围也随之扩大，因此，在具体判断是否可以适用合理使用制度时，其标准也需要与 MOOC 的特点相适应。

首先，需要重视使用作品的量，特别强调所使用部分占整个作品的比例是少量。对于作品量的限制，可以从两个层面来理解"少量"的含义：第一，同整个作品相比，被使用的部分仅仅是该作品的小部分；第二，使用作品的数量较小，作品复制的数量与教学人员的数量相匹配，而且这种使用本质上对作品的潜在销售市场和价值影响不大❶。由于 MOOC 平台的开放性，课程选修人数超过千人很常见，一些热门课程的学习人数甚至达到几十万，针对这种情况就不能简单限定作品的使用人数，而是需要特别强调所使用部分占整个作品的比例。也就是说，关注的重点应当是，所使用的部分不能替代整个作品，不影响整个作品实现其市场价值。

其次，需要重视使用作品的目的，强调是为了教学需要。第一，强调所使用的作品与课程内容和教学目标的关联性，排除任意扩大作品使用范围；第二，强调作品的使用群体是课程的学员，排除非特定人群接触作品。至于合理使用是否必须要求是非营利性的，立法中并没有规定，因此对于在线教育也不应做出非营利性的限制。也就是说，无论 MOOC 平台，还是付费在线教育平台，只要符合规定，均可以适用合理使用制度。

---

❶ 陈洁. ETS 诉"新东方"侵权案评析［J］. 人民司法，2005（5）：95－99.

五、应对 MOOC 平台著作权风险的对策建议

基于所调查的 MOOC 平台的运行实践，以及对现有收费在线教育平台著作权纠纷的阐释，结合上文对 MOOC 平台所面临著作权归属和侵权风险的法理分析，对 MOOC 平台应对著作权风险提出如下两条建议。

第一，MOOC 平台、校方和教师三方需提前对 MOOC 课程的著作权归属及相关权益分配签署合同做出约定。

尽管目前尚未出现直接涉及 MOOC 平台的著作权纠纷，但现有在线教育平台在发展中面临的各类著作权纠纷对于解决 MOOC 作品著作权问题提供了一定思路。结合相关案例可以发现，目前法院对于在线教育课程著作权侵权纠纷的审理，首先是确定作品的权利归属，主要考察在线教育平台与授课教师之间是否就涉案作品签署了著作权授权或转让合同，以及合同是如何进行约定的。通过合同中的具体约定，可以确定涉案作品的著作权归属，进而判断涉案主体是否构成侵权。

目前对于 MOOC 著作权归属问题采取模糊化处理，实质上不利于 MOOC 的课程建设，也会给 MOOC 平台的后续发展带来不确定因素。从避免纠纷的角度考虑，建议 MOOC 平台、校方和教师三者之间事先就 MOOC 课程的著作权归属、相关视频文件和教学课件的财产性利益进行约定。在明晰 MOOC 著作权的基础上，MOOC 课程生成性资源和衍生作品的权益归属才能加以明晰。这通常涉及复杂的著作权安排。那些拥有一定声望和实力的高校，在 MOOC 课程开发过程中往往具有

人力和资源优势，通常可以掌控谈判的进展，在著作权安排上处于有利的地位。

第二，MOOC 课程和 MOOC 平台未经许可使用他人作品时需要遵守少量和相关性原则，同时注意履行署名和提示义务，避免滥用合理使用制度。

合理使用制度的主旨是为了实现著作权保护与因教学需要使用作品之间的平衡。我国《著作权法》以"学校课堂教学"作为适用合理使用制度的限制性条件，MOOC 作为一种在线教育形式，扩大了"课堂"的范围。但是，MOOC 所蕴含的教育本质却并未发生变化。因此，MOOC 应当涵盖在合理使用制度之中。

此外，考虑网络传播的范围和速度要远远超出传统课堂，合理使用制度中关于"少量"使用的限制应当强调 MOOC 对原作品潜在市场的影响；强调 MOOC 所使用的量与原作品整体相比，应该是原作品的小部分，而对于参与教学的人员数量则不应过分强调。同时，需要特别强调所使用作品与课程的关联性，只有与教学内容和教学目标密切相关的作品才可以使用，以免滥用合理使用制度，对原作品著作权人的利益造成侵害。另外，作为合理使用制度的受益者，MOOC 平台应当承担相应的署名和提示义务，MOOC 中若使用他人作品，应当在课程内容中注明原作品的相关信息，并提示参加课程学习的学员禁止将相关作品使用于与教学无关的事项。

第二节 对保护作品完整权案例的实证评析

2016 年《鬼吹灯》系列小说作者"天下霸唱"与中国电影公司、陆川等著作权权属纠纷中，原告认为电影《九层妖塔》在人物设置、故事情节等方面均与原著差别巨大，侵犯了原告的保护作品完整权。该案一审判决认为，电影《九层妖塔》的改编、摄制行为并未损害原著作者的声誉，不构成对原告保护作品完整权的侵犯。该案的法律焦点即是保护作品完整权的边界问题。

一、问题与研究的起点

著作权中的人身权利，即精神权利一直是学术界争论的热点。保护作品完整权是著作权精神权利的支柱之一，因其法律用语的模糊性以及判断标准上的差异性，留给司法实践很大的解释空间。

本文以"北大法意"案例数据库中收录的 2001 年 10 月 27 日（《著作权法》修正日）～2007 年 9 月 17 日期间案由为"保护作品完整权"的全部 166 个法院判决为研究样本进行实证分析，关注点集中于司法实践中法官对于"保护作品完整权"的认定及其判定事由；学理上经常讨论的"修改权"与"保护作品完整权"的关系在司法判决中如何印证；与"保护作品完整权"密切关联的抄袭、剽窃、不正当竞争、信息网络传播权、继承人保护著作权人身权利、及精神损害赔偿等问题；对与诉讼相关的原被告身份、涉案作品种类、诉讼法院所在地、赔偿金额的统计分析；并对原告诉讼成本与获得赔偿进行线形回归分析，得到量化关系。由此，以期对保护作品完整权的司法实践给出一个较为清晰的认识，澄清以往一些想当然的理论"误会"，为进一步深入的学理分析建构一个可供参考的研究平台。

二、"保护作品完整权"的理解

通常认为我国《著作权法》所规定的保护作品完整权来源于《伯尔尼公约》第 6 条之二的规定，即作者享有"反对任何曲解、割裂或以其他方式篡改该作品，或与该作品有关的可能损害其荣誉或名誉的其他毁损行为"。《著作权法》第 10 条第 4 项对保护作品完整权的表述是"保护作品不受歪曲、篡改的权利"。对照《伯尔尼公约》，我国著作权法的相关规定存在两大不确定因素：其一没有对歪曲、篡改作品的程度加以限制，即是否以可能损害作者的名誉或声望为界限；其二没有明确这里的歪曲、篡改是一种手段，还是一种后果（如果是一种手段，则只有对作品进行改动才可能被认定侵权；如果是一种后果，则所有可能导致作品被歪曲的行为都可以被认为是侵权）。上述疑点直接导致各法院之间对侵犯作品完整权的理解存在重大差异。

有法院认为：公民对其所创作的作品，依法享有著作权，法律所

规定的著作权包括保护作品完整权，所以侵犯著作权即侵犯原告保护作品完整权。❶

对于文字作品，法院认为对原作的擅自删节❷；或删节过多❸；或摘抄、截取、部分使用❹；或对原作阐述前因后果的篇幅进行了删除❺；或调整段落，添加小标题❻；或部分抄袭❼；或在转载全书时删除其中独立作品❽；或修改书名❾；或对作者多篇作品进行拼凑组成新作品❿；或违反与作者的约定，部分改变文章中地名的表达方式、附图及其说明的⓫，均被认为侵犯了作者的保护作品完整权。

对于摄影作品，法院认为在原作画面中配印与作品主题相反的图

---

❶ 李荣中与上海元祖食品有限公司、上海尤尼克美术设计有限公司案（上海市第二中级人民法院〔2001〕沪二中知初字第198号）；魏肇权与河南《传奇文学选刊》杂志社案（上海市第二中级人民法院〔2002〕沪二中民五（知）初字第17号）；张连军与大连中泰阀业有限公司案（大连市中级人民法院〔2004〕大民知初字第3号）。

❷ 常宇与现代快报社案（江苏省南京市中级人民法院〔2002〕宁民三初字第53号）。

❸ 张斌与北京娱乐信报社、北京日报报业集团案（北京市第二中级人民法院〔2006〕二中民初字第13177号）。

❹ 彭兰珍、潘铁力与北京日报报业集团案（北京市第二中级人民法院〔2005〕二中民初字第4812号）。

❺ 史炜与北京新浪互联信息服务有限公司案（北京市海淀区人民法院〔2007〕海民初字第3492号）。

❻ 陈飞与山西商报社案（江苏省扬州市中级人民法院〔2007〕扬民三初字第0042号）。

❼ 田柏强与合肥晚报社、余育章案（安徽省合肥市中级人民法院〔2004〕合民三初字第87号）。

❽ 魏肇权与西部商报社案（上海市第二中级人民法院〔2002〕沪二中民五（知）初字第198号）。

❾ 刘国恩与吉林教育出版社、中国印刷科学技术研究所案（北京市高级人民法院〔2005〕高民终字第1459号）。

❿ 韩寒与苏州市古吴轩出版社、北京浩瀚九洲图书有限公司、北京鹏飞一力图书有限公司案（北京市第二中级人民法院〔2005〕二中民终字第15285号）。

⓫ 胡跃华与羊城晚报社案（安徽省高级人民法院〔2003〕皖民三终字第3号）。

案和文字❶；或对图片进行裁减❷、截取❸；或对图片中人物进行换头处理，增加、删除作品细节❹；或对摄影作品中部分人体、背景和道具进行剪裁的❺；均构成侵犯作者的保护作品完整权。

对于美术作品，法院认为遮盖作品的中心部分，对作品的主要内容作改动，构成对作品的割裂性使用❻。此外，对美术作品的配诗进行改动❼；在复制放大美术作品过程中改变了原作品色彩，对部分作品题字进行删除❽；使用与原告创作的书法作品不相干的印鉴作为修饰❾；将一副图切割为两副图并略作修改❿；改变双方约定的创作原意，对作品的使用改变原作品所表达的主题的⓫，上述情形法院均认定侵犯作者保护作品完整权。

---

❶ 林奕与中国新闻社案（北京市高级人民法院 2002 年 4 月 16 日）。

❷ 乔天富与中国青少年社会服务中心案（北京市第二中级人民法院〔2004〕二中民初字第 10820 号）；丁洪安与东营市黄河口旅行社有限公司案（山东省东营市中级人民法院〔2005〕东民三初字第 6 号）。

❸ 蒋少武与沈阳机电装备工业集团有限责任公司案（辽宁省沈阳市中级人民法院〔2004〕沈民四知初字第 92 号）；彭兰珍、潘铁力与北京日报报业集团、张丽案（北京市第二中级人民法院〔2005〕二中民初字第 8 号）。

❹ 张旭龙与陕西文化音像出版社、北京精彩无限音像有限公司案（北京市第二中级人民法院〔2005〕二中民初字第 5699 号）。

❺ 张旭龙与汤丽案（北京市朝阳区人民法院〔2004〕朝民初字第 6811 号）。

❻ 任梦璋、任梦龙、任梦熊等与河南省集邮公司、北京市东区邮票公司、北京市东区邮电局水碓子邮电支局等案（北京市第二中级人民法院〔2003〕二中民终字第 05256 号）。

❼ 参阅"朱希江与孙敬会、山东美术出版社"案（山东省济南市中级人民法院〔2005〕济民三初字第 28 号）。

❽ 王露平、侯锺林、侯兢与北京惠丰酒家案（北京市第一中级人民法院〔2005〕一中民初字第 10244 号）。

❾ 陈秀骥与赵颖、黄健、王恩友、徐国平、崔炳达、陈秀美、高小军、上海欧雅装饰材料有限公司案（江苏省南通市中级人民法院〔2005〕通中民三初字第 0035 号）。

❿ 张洋与厦门视野图像技术有限公司、厦门小鲁比文化传播有限公司、厦门音像出版社、重庆时代回响文化传播连锁有限公司案（重庆市高级人民法院〔2006〕渝高法民终字第 120 号）。

⓫ 王文海与隋建国案（北京市朝阳区人民法院〔2006〕朝民初字第 28850 号）。

对于播放电影作品过程中删除片头和片尾的部分内容的❶，法院认定为侵犯作品权利人保护作品完整权。

对被控作品因制作、校对、印刷错误导致质量低劣的情况❷，法院认为破坏了原作品的完整性，因而认定侵害作者保护作品完整权。

考察法院论述被告是否侵害作者保护作品完整权的理由，会发现一个奇怪的现象，即法院在确认或否认被告侵犯作者保护作品完整权时使用的判断标准并不一致。在确认被告侵权时，其裁判理由多会论及被告的行为是否损害了原作的构思，是否违背了作者的创造意愿。在一例美术作品侵权案件❸中甚至涉及汉字结构、比例等书法美学，认为被告的改动破坏了作品原有的平衡，改变了作者追求的整体形式美，因而侵犯了作者的保护作品完整权。又如在一起文字作品侵权案❹中，法院对诗词的表达手法、音律、艺术效果等都做了细致的考察，因而认为被告的改动导致原作的表现形式和艺术效果明显降低，因而破坏了诉争作品的完整性。多数法院在判断被告是否侵害作者保护作品完整权时，选取的坐标点是"作品"，考察的是诉争作品的使用是否导致原作艺术效果的降低，是否违背了作者的创作意图。

------

❶　中国人民解放军八一电影制片厂与湖南电视台娱乐频道案（湖南省长沙市中级人民法院〔2005〕长中民三初字第 507 号）。

❷　沈家和与北京出版社案（北京市高级人民法院〔2001〕高知终字第 77 号）；徐叔华与宁夏大地音像出版社、北京市新华书店王府井书店案（北京市第二中级人民法院〔2005〕二中民初字第 10400 号）。

❸　林岫与北京东方英杰图文设计制作有限公司、国际网络传讯（上海）有限公司北京分公司案（北京市第二中级人民法院〔2002〕二中民终字第 07122 号）。

❹　熊运华与贵州心意药业有限责任公司、胡容、李建平案（四川省高级人民法院〔2006〕川民终字第 286 号）。

然而，当法院否定被告侵犯作者保护作品完整权时，似乎又对"作者"给予了格外的关注。在判决中多次使用是否有损作者的声誉、人格利益作为判断标准。比如在"张五常与深圳市新华书店、社会科学文献出版社"的三起著作权纠纷❶中，广东省高院均以社会科学文献出版社对作品的改动无损张五常作为作者之声誉和人格利益为由，认为被告并未侵犯原告的保护作品完整权。又如在"白秀娥与国家邮政局、国家邮政局邮票印制局"一案❷中，北京市高院认为，邮票印制局对白秀娥的剪纸作品所做的改动、删节尚未破坏作品的完整性，且未构成对白秀娥名誉的损害，因此不构成侵害保护作品完整权。再如在"郑钧与北京新浪互联信息服务有限公司"一案❸中，北京市海淀区法院认为，被告仅对乐曲中反复的部分有所删节并未达到歪曲、篡改该作品的程度，尚不足以破坏作品的完整性，不会造成公众对郑钧或涉案作品评价的降低。由此可见，对于排除被告侵犯作者保护作品完整权的案件，法院采取了对原告更为苛刻的条件，即仅仅有改动、删节是不够的，还必须达到损害作者声誉的程度。

法院在保护作品完整权理解上的差异又直接加深了作品权利人对这一精神权的误读。绝大部分权利人在作品未经许可被使用，尤其是

---

❶ 张五常与深圳市新华书店、社会科学文献出版社案（广东省高级人民法院〔2002〕粤高法民三终字第 95 号、96 号、97 号）。

❷ 白秀娥与国家邮政局、国家邮政局邮票印制局案（北京市高级人民法院〔2002〕高民终字第 252 号）。

❸ 郑钧与北京新浪互联信息服务有限公司案（北京市海淀区人民法院〔2006〕海民初字第 26333 号）。

当作品被修改或被部分使用时，都会提起确认被告侵犯保护作品完整权的请求，而不论被告的行为是否在事实上对原作进行了歪曲、篡改，更不论是否导致作者声誉的损害。在笔者分析的 166 个案例中，140 位原告明确提出被告侵犯其保护作品完整权，其中仅有 54 件得到了法院支持，支持率约为 39%（54/140）。

三、"修改权"与"保护作品完整权"之间的关系

《著作权法》第 10 条第 3、4 项对修改权和保护作品完整权做出了规定，学理上一般认为两者实际同属于一个权利的正反面❶❷。那么在实践中作品权利人同时提出维护这两个权利诉讼请求以及得到法院支持的情况如何？

在笔者分析的 166 个案例中，140 位原告明确提出被告侵犯其保护作品完整权，88 位原告提出被告侵犯其修改权，同时提出侵犯保护作品完整权和修改权的为 87 件，即 99%（87/88）的权利人在认为被侵犯修改权时都会同时认为其保护作品完整权也被侵犯。但是根据诸多判决，我们发现，法官并不特别支持上述观点。法官认为，保护作品完整权维护的是作品的内容、观点、主题不受歪曲、篡改，如果仅是对作品外在表现形式的改动、删节或更换，没有达到对原作品实质性

---

❶ 韦之. 著作权法原理［M］. 北京：北京大学出版社，1998：61.

❷ 孟祥娟. 版权侵权认定［M］，北京：法律出版社，2001.

改变的程度，在未经授权或无合法依据时，被告仅侵犯了原告的修改权，而不侵犯保护作品完整权。❶

同时，实践中也存在被法院认定为侵犯作者保护作品完整权而不侵犯其修改权的案例。主要理由是修改行为是对作品的一种有意修改，对于非故意而造成的改变，如制作、校对错误、印刷错误等不涉及作者的修改权。但是由于被控作品质量低劣，存在明显错误，破坏了原作品的完整性，因而被认定侵害了作者保护作品完整权。❷ 另在"赵成伟与中国铁通集团有限公司、中国铁通集团有限公司桂林分公司"一案❸中法院认为，被告改变美术作品创作原型而未对原作做任何修改的行为，违背了原告创作原意，侵犯其保护作品完整权，但没有侵犯修改权。

---

❶ 例如，王宏哲与学苑出版社、北京北大燕园书店有限责任公司案（北京市海淀区人民法院〔2002〕海民初字第9673号）；白秀娥与国家邮政局、国家邮政局邮票印制局案（北京市高级人民法院〔2002〕高民终字第252号）；谈宇清与北京光明网业科技中心、光明日报社案（北京市第一中级人民法院〔2002〕一中民初字第8902号）；杨远新、陈双娥与金城出版社案（北京市朝阳区人民法院〔2003〕朝民初字第1858号）；武书连、北京国立中网信息技术开发有限公司与北京讯能网络有限公司、北京雷霆万钧网络科技有限公司、汤姆网络有限公司案（北京市第一中级人民法院〔2001〕一中知初字第203号）；周凌波与北京华网汇通技术服务有限公司案（北京市朝阳区人民法院〔2003〕朝民初字第22238号）；周凌波与广东南方网络信息科技有限公司案（广东省广州市东山区人民法院〔2004〕东法民二初字第2360号）；湖南三辰影库卡通节目发展有限责任公司与陕西文化音像出版社、茂名市（水东）佳和科技发展有限公司、北京燕丰商场有限责任公司案（北京市第二中级人民法院〔2005〕二中民终字第12819号）；奚椿年与山东画报出版社、北京京版世纪图书有限公司案（北京市第二中级人民法院〔2006〕二中民终字第3977号）；隋有禄与王文波、同心出版社案（北京市朝阳区人民法院〔2006〕朝民初字第13937号）。

❷ 例如，沈家和与北京出版社案（北京市高级人民法院〔2001〕高知终字第77号）；徐叔华与宁夏大地音像出版社、北京市新华书店王府井书店案（北京市第二中级人民法院〔2005〕二中民初字第10400号）。

❸ 赵成伟与中国铁通集团有限公司、中国铁通集团有限公司桂林分公司案（北京市第一中级人民法院〔2006〕一中民初字第9535号）。

笔者分析案例中，87 个案件的原告同时提出被告侵犯其保护作品完整权和修改权，其中 31 件两个诉讼请求均得到了法院支持，同时支持率约为 35%（31/87）；法院确认构成只侵犯修改权的案件 12 件，是确认侵犯保护作品完整权案件的 4 倍。这与之前有学者认为的司法实践中构成侵犯保护作品完整权的情况比较常见，而侵犯修改权的情况则比较鲜见的看法❶❷存在一些差异。

四、与保护作品完整权密切相关的问题

在本次分析的 166 个样本中，与保护作品完整权密切相关的问题存在以下值得关注之处：其一，涉及抄袭、剽窃的案件有 11 件，其中被法院直接认定"抄袭""剽窃"或认定为"与原作品雷同"的有 7 件。在"田柏强与合肥晚报社、余育章"一案中，法院以被告抄袭原告作品，侵权作品与原告作品的主要内容雷同为由，确认被告侵犯了原告的保护作品完整权，这是对"保护作品完整权"的误读。

其二，涉及不正当竞争的案件有 7 件，原被告主要是产品生产者或提供经营性服务的组织，其中 4 个案件中原被告属于同业竞争关系；基本案情均涉及被告未经授权对原告的产品、广告宣传照片或标语进行修改用作广告、宣传目的使用。有 6 个案件原告选择放弃以"不正当竞争"

---

❶ 张雪松. 论编辑出版中的侵犯修改权与保护作品完整权［J］. 知识产权, 2003 (2)：18.

❷ 张雪松. 对侵犯作品修改权、保护作品完整权行为的认识［J］. 人民司法, 2005 (5)：58.

为由起诉，其中 4 个案件法院确认被告侵犯原告保护作品完整权。

其三，涉及作品网络传播与信息网络传播权的案件在保护作品完整权案件中所占比例近年来增长迅速。本次分析的样本中，经法院确认侵犯作者保护作品完整权的案件有 54 例，其中 8 个涉及网络传播，约占 15%（8/54）。如果考虑时间因素，以第一例确认的网络环境中侵犯保护作品完整权纠纷的判决日为起点（2004 年 12 月 17 日）重新评估，则涉及网络环境的纠纷比例达到 32%（8/25）。

其四，继承人主张保护作者精神权利的案件有 18 件，约占样本量的 11%（18/166），这其中 12 个案件的原告为同一作者的继承人。继承人的原告身份都获得了确认，但与此同时法院认为继承人并不享有原作者的人身权利，而仅享有保护原作者人身权利的地位，因此在认定民事侵权责任时不适合采用赔礼道歉，而适合采用"刊登更正说明"以达到消除影响的目的。

其五，有近 30%（49/166）的原告提起了精神损害赔偿请求，但其中仅有 12%（6/49）获得法院的支持。在获得精神损害赔偿的 6 个案件中，其中 4 件法院对原告精神损害赔偿的支持均是基于被告侵犯了作者保护作品完整权，所支持的金额与原告遭受的精神损害程度，以及被告的主观过错、侵权方式密切相关。另外 2 例均属于被告抄袭、剽窃原告作品，侵权行为严重的情形。

五、诉讼成本与获得赔偿的量化分析

利用回归分析，对原告诉讼成本与获得赔偿的量化分析。假定变

量 X 为原告要求赔偿总金额，$X =$ 要求经济赔偿金额 $+$ 要求精神赔偿金额 $+$ 要求赔偿诉讼花费金额；变量 Y 为原告通过诉讼实际所得，$Y =$ 经济赔偿金额 $+$ 精神赔偿金额 $+$ 赔偿诉讼花费金额 $-$ 承担的案件受理费。

（一）全样本量化分析

对本次实证研究的 166 个案例进行全样本的线性回归分析，运用回归分析工具，设置信区间为 95%，并假定线性回归经过原点，得到 $Y = 0.14X$，离差判定系数为 0.30。这说明样本中 Y 的变动有 30% 可以由 X 解释，此结果不能很好地描述 X 与 Y 之间的关系，如图 2 - 1 所示。之所以产生上述情况，是因为部分案例判决中没有明确给出原告要求赔偿的金额，简单以 0 计算并不妥当，这样的案例应作为数据噪音去除；此外，有部分案例中原告请求赔偿的金额与法官实际判决赔偿的金额之间差距极大，这说明其中存在特殊状况，这样的案例也应作为数据噪音去除。

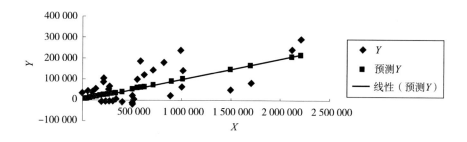

图 2 - 1　去除部分噪声数据后的线性拟合

降噪之后，样本总数从 166 个减少为 155 个，再重新进行回归分析，得到 $Y = 0.10X$，离差判定系数为 0.62。这说明样本中 Y 的变动有

62% 可以由 X 解释。

即原告通过诉讼的实际所得与所要求的赔偿总金额之间存在 1：10 的联系。即原告获得的赔偿总额在扣除可能承担的案件受理费用后仅是所要求的赔偿金额的十分之一。可见这类案件原告的诉讼成本是相当高的。

（二）抽样量化分析

我们再对法院确认为侵犯保护作品完整权的 54 个案例进行上述的线性回归分析，得到 $Y = 0.14X$，离差判定系数为 0.56，如图 2 - 2 所示。

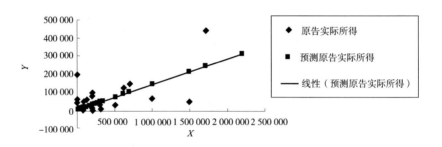

图 2 - 2 线性拟合曲线

即在法院确认被告侵犯作者保护作品完整权的案件中，原告通过诉讼的实际所得与所要求的赔偿总金额之间存在 1.4：10 的联系，这与全样本分析得到的 1：10 的关联性并无太大差别。这也从某个侧面体现出，原告通过诉讼获得的赔偿额与被告是否侵犯保护作品完整权之间无实质性联系，这样的结论多少有些让人惊讶，同时也侧面反映出著作权精神权利保护的尴尬处境。

第三节 大数据知识产权保护与立法[1]

要实现并深化大数据在各行业的创新应用，就必须有一套完善的顶层设计和规划。本文对大数据知识产权保护和立法展开系统性研究，主要分为两个部分：首先，厘清大数据面临的知识产权问题，特别是大数据理念及数据处理技术给现有知识产权法带来的挑战；其次，对大数据技术引发的新的权利类型的诉求在法律层面予以回应，这其中不仅要考虑如何适应产业发展的需求，还要考虑如何与现有法律制度相匹配。

大数据产业是对数量巨大、来源分散、格式多样的数据进行采集、存储和关联分析，从中发现新知识、创造新价值、提升新能力的新一代信息技术和服务业态。近年来，全球大数据创业企业和开展大数据业务的企业数量急增，产品和服务数量也随之增长。要实现并深化大数据在各行业的创新应用，就必须有一套完善的顶层设计和规划。

本节将对大数据知识产权保护和立法展开系统性研究，主要分为两个部分：首先，厘清大数据面临的知识产权问题，特别是大数据理念及数据处理技术给现有知识产权法带来的挑战；其次，对大数据技

[1] 本节研究得到李裕民、胡张拓、路小洒、陈桥、李佳星与林思彤的协助，本书作者为唯一作者。在此说明，并表示感谢！

术引发的新的权利类型的诉求在法律层面予以回应，这其中不仅要考虑如何适应产业发展的需求，还要考虑如何与现有法律制度相匹配。

一、大数据面临的知识产权挑战

（一）大数据理念构建数据库面临缺乏独创性

根据《著作权法》规定的作品形式，作为大数据载体的数据库，可以作为汇编作品而受到保护。作为著作权客体的数据库，要求在内容的选择或编排上体现独创性；然而，大数据强调的是数据的量，注重的是数据的混杂性，而非对数据的选择或编排。❶ 著作权法保护独创性作品的价值取向，与大数据对数据量的追求，两者之间存在一定的偏差。

因此，著作权法只能在有限的范围内保护形式上能够达到汇编作品独创性要求的数据库，而众多追求数据完整性的数据库则难以获得著作权保护。也就是说，基于大数据理念的数据集合很难满足独创性要求，因而不能成为著作权法所保护的客体。

（二）数据采集网络爬虫引发著作权侵权风险

在数据采集过程中经常会使用网络爬虫。网络爬虫，又称网络机

---

❶ 维克托·迈尔·舍恩伯格，肯尼思·库克耶. 大数据时代［M］. 盛杨燕，周涛，译. 杭州：浙江人民出版社，2013：30.

器人，是按照一定规则，自动抓取互联网信息的程序或者脚本。通常情况下，网站都会设置网络爬虫排除标准，又称 Robots 协议，网站通过 Robots 协议告知搜索引擎哪些页面可以抓取，哪些页面不能抓取。但是，Robots 协议本身没有强制力，只能起到警示牌的作用，如果网站希望能够切实阻拦不受欢迎的爬虫，还会设置其他的配套监控措施。反监控策略则模拟正常操作行为，针对一定时间内单个 IP 地址访问次数限制，采用大量不规则代理 IP 来模拟；针对一定时间内单账号访问次数限制，采用大量行为正常的账号交替进行。通过 IP 地址和账号的访问策略控制，结合网络爬虫的反馈，由机器自动学习调整，或者由管理员来进行调整，实现不间断抓取数据。因此，反监控策略存在违背被访问网站意志抓取数据的可能，即此类抓取行为存在著作权侵权风险。

关于是否侵犯网站权利人的著作权或信息网络传播权，有如下两点值得关注：第一，被抓取的网页是否具有独创性，是否属于著作权法保护的客体。通常来说，网页版式的著作权由互联网公司所有，网页刊载的内容则可能属于其他著作权人。第二，如果被爬虫抓取的内容具有独创性，则需要进一步分析是否存在对著作权的限制。通常在搜索引擎通过爬虫抓取到相关内容后，会以网页摘要、网页快照、缩略图、搜索链接等形式向用户呈现搜索结果。❶ 网页摘要有字数限制，不会对完整的网页内容形成替代，通常不会影响对网页的正常访问，

---

❶ 杨华权. 搜索条目的著作权侵权风险分析——基于 robots. txt 的讨论［J］. 中国版权，2015（2）：45–51.

因此不会侵害著作权。网页快照和缩略图是自动存储在搜索引擎服务器中的历史网页，用户可以直接从搜索引擎服务器中获取，在可以实质性替代网页内容时，构成侵犯作品的信息网络传播权。对于搜索链接，根据我国司法实践中通行的服务器标准，提供搜索链接并不构成信息网络传播权中的"提供"行为，因此不构成侵权。

（三）数据传输存储带来技术标准和著作权问题

在数据传输存储过程中涉及数据传输技术及协议的技术标准问题。不论是 IP 骨干网的传输还是数据中心的传输，其核心都在于：一是传输介质的技术；二是主体之间的传输协议。前者通过改进技术来获取更优的数据传输质量，此层面上对技术的知识产权保护主要涉及专利和技术秘密。后者是通过协议标准的更新换代来提高数据传输质量，此时最为关键的是对制定新协议标准的控制权。

云计算等数据存储服务也可能带来著作权侵权问题，特别是涉及内容副本或内容缓存的侵权问题。在美国 Cablevision 案❶中，对云端服务提供者的著作权责任进行了界定。有线电视供应商 Cablevision 公司推出"远程存储数字视频录像机"（RS－DVR），用户可以通过该系统对选定节目进行录制和回放。节目版权方因此起诉 Cablevision 公司侵犯其作品的复制权和公开表演权。

针对服务器缓存区存储侵犯复制权的指控，一审美国纽约南区联邦地区法院认为，被告通过缓存存取原告节目的信息流构成未经授权

---

❶ Cartoon Network, LP v. CSC Holdings, Inc., 536 F. 3d 121 (2d Cir. 2008).

的复制行为。被告上诉后，美国联邦第二巡回上诉法院认为，尽管被告服务器缓存中确实呈现出原告的作品，但是持续时间非常短（该案中为 1.2s），因此并不符合美国版权法中对侵犯复制权的规定。[1] 该案对云端服务提供者的著作权侵权判定具有借鉴价值。美国巡回上诉法院认为载入数据可能导致但并不必然会导致复制作品，是否构成侵权还需要考虑时间因素，但是法院没有规定将该案中 1.2s 作为此后类似案件中判断时间因素的基准。

（四）未经授权获取用户数据构成不正当竞争

社交网络、网盘、位置服务等新型信息发布方式使数据从简单的信息开始转变为一种资源，关系个人信息保护和网络安全。网络运营者是网络建设与运行的关键参与者，在保障网络安全中具有优势和基础性作用，应当遵循合法、正当、必要的原则，尽到网络运营者的管理义务。第三方应用开发者作为网络建设与运行的重要参与者，在收集、使用个人信息时，应当遵循诚实信用原则及公认的商业道德，取得用户同意并经网络运营者授权后合法获取、使用信息。

新浪微博诉脉脉交友软件不正当竞争纠纷案[2]就是数据产业反不正当竞争的典型案例。涉案的脉脉交友软件是一款"基于移动端的人脉社交应用"，通过分析用户的新浪微博和通讯录数据，帮助发现新朋友。原告微梦公司是新浪微博的经营人，被告淘友技术公司、淘友科

---

[1]　Marc Miller. Cartoon Network LP, LLLP v. CSC Holdings, Inc. ［J］. New York Law School Law Review, 2009, 54（10）: 585 – 600.

[2]　北京知识产权法院〔2016〕京 73 民终 588 号。

技公司共同经营脉脉软件及脉脉网站。原被告曾签订《开发者协议》并通过微博平台 Open API 进行合作。根据协议，被告仅为普通用户，可以获得新浪微博用户的 ID 头像、好友关系、标签、性别，但是无法获得新浪微博用户的职业和教育信息，但被告违反协议，将大量未注册为脉脉用户的新浪微博用户的相关信息展示在脉脉软件中，且双方合作终止后，被告仍继续上述行为。

该案经北京市海淀区法院和北京知识产权法院两审，2016 年 12 月做出终审判决。法院经审理认为：第一，被告获取新浪微博信息的行为存在主观过错，违背了在 Open API 开发合作模式中，第三方通过 Open API 获取用户信息时应坚持"用户授权" + "平台授权" + "用户授权"的三重授权原则，违反了诚实信用原则和互联网中的商业道德，因此被告获取并利用新浪微博用户信息的行为不具有正当性。第二，被告未经新浪微博用户的同意及新浪微博的授权，获取、使用脉脉用户手机通讯录中非脉脉用户联系人与新浪微博用户对应关系的行为，违反了诚实信用原则及公认的商业道德，破坏了 Open API 的运行规则，损害了互联网行业合理有序公平的市场竞争秩序，一定程度上损害了原告的竞争优势及商业资源，因此，被告展示对应关系的行为构成不正当竞争行为。

（五）大数据技术增加商业秘密认定的不确定性

商业秘密在表现形态上是一种信息，大数据技术增加了商业秘密认定的不确定性，涉及保护客体的范围大小、如何确定数据的非公开性，以及对是否采取合理保密措施的认定。

第一，如何界定商业秘密的客体？在大数据时代，企业通过客户端、网页、应用程序联系到庞大的用户群，他们既是信息的接受者、传播者，也是现实或潜在的消费者。对用户数据的挖掘分析，可用于改善现有服务，发掘新的赢利点，创造利润。而获取用户数据需要投入资本、技术和人力。那么，是不是所有的用户数据都可以作为商业秘密加以保护？如果将其全部纳入商业秘密保护范围，会导致商业秘密的客体泛化。

第二，如何确定数据的非公开性？越来越多的商业信息、个人信息在移动客户端、社交软件、电子邮件和浏览器中留下痕迹，这些信息在大数据技术条件下变得易于获取且难以去除标签，甚至在注册使用网络平台、应用程序时，用户在不经意间已经授权网站和客户端获取这些信息。因此，数据的秘密性大打折扣，加之数据获取途径增多，数据分析挖掘工具性能增强，导致认定商业秘密非公开性的难度和分歧也随之增加。

第三，如何认定采取合理的保密措施？司法实践中通常要求，只有采取了合理保护措施的信息才能被当作商业秘密，且是否采取合理保护措施的衡量标准需要与其商业价值相适应。网络存储和云技术的发展导致对相关认定产生分歧。例如，权利人将商业秘密存放于云端或者网盘并设置密码，是否属于对数据采取了合理措施？以技术标准划分，存储空间可以分为私有云和公有云，VIP 付费网盘和普通免费网盘。因此，有观点认为，如果将数据存放在私有云，云端处于权利人支配之下，且用户设置密码，属于合理的保护措施；如果是公有云，则不然。以意图表示划分，则有观点认为，不论公有云或私有云，VIP 付费网盘或普通免费网盘，只要他人能够意识到存在保密措施，比如需要输入用户名和密码才能访问，则应被认为采取了合理的措施。❶

二、大数据的立法问题及应对建议

（一）是否将数据信息纳入知识产权客体？

在立法层面，立法者对是否将数据信息纳入知识产权客体的态度发生过转变。2016 年 7 月《民法总则（草案）》征求意见稿在第 108 条第 2 款第 8 项中，将数据信息纳入知识产权的客体范围，使之成为和作品、商标、专利、集成电路布图设计、植物新品种等知识产权客体中的一类。然而，三个月之后，同年 10 月《民法总则（草案）》第二次审议稿中，数据信息就从知识产权客体中删除。2017 年 3 月 15 日颁布的《民法总则》也并未再将数据信息纳入知识产权的客体范畴。

《民法总则》将数据信息从知识产权客体中删除的原因之一是对可能侵害个人权利的担忧。数据信息中包含可识别个人身份和行为的信息，如果将其纳入知识产权客体范畴，会出现数据采集者、数据开发

---

❶ 刘瑛，耿雨亭. 大数据背景下的商业秘密保护 [J]. 北京工业大学学报（社会科学版），2017（3）：58－64.

者代替用户成为数据权利人的情况，从而可能导致用户的个人信息和隐私被网络服务提供者以知识产权加以控制。基于这种担忧，立法时采取了谨慎态度。

学界对是否将数据信息纳入知识产权客体也存在争议。有学者认为，数据信息的本质属性是否为智慧成果，数据信息的内容是否具有财产价值和人身价值并不确定，因此，用知识产权保护数据信息在正当性、科学性和可操作性方面都存在疑问。也有学者认为应当将数据信息纳入知识产权客体。这将对中国数据产业的发展产生巨大的推动力，同时对世界有关立法发挥引领性作用。

作为知识产权客体的智力成果，一般均表现为一定的信息，❶ 但并不是所有的信息都是知识产权客体。建议对数据信息划分为两个层次：一是未经处理针对个体的数据信息，此类数据信息涉及个人的活动方式、活动空间、活动内容，与个人相联系，具有明显的身份特征，通过此类数据信息可以定位到个人，因此将此类数据信息纳入个人隐私权的保护范畴；二是经过处理后的数据信息，此类数据信息是通过大数据技术对采集的海量数据经过清洗、分析、挖掘等一系列的数据处理加工后得到的数据信息。

对于第二层次经过处理后的数据信息，已经不再具有原生数据的个人身份因素，同时经过分析、挖掘后得到的数据信息再经过结构性组合，形成了具有创造性的智力成果，可以纳入知识产权客体。将此类数据信息作为独立的知识产权客体加以保护，可以避免大数据产业

---

❶ 郑成思. 知识产权法：新世纪初的若干研究重点［M］. 北京：法律出版社，2004：10.

在传统知识产权框架下面临的困境，如基于大数据理念构建的数据库因缺乏独创性不能享受著作权保护；或由于对数据信息是否具有商业价值难有定论而无法作为商业秘密保护。

（二）是否将被遗忘权引入中国法

区别于纸张记录的信息，在电子介质或云端存储的数字化信息，除非人工干预，否则永远不会被遗忘，某些已经公开的信息已经过时，但却会给当事人带来不利影响，由此引发了"被遗忘权"问题。

2014 年谷歌西班牙案❶中，被遗忘权第一次出现在司法实践中。1998 年，西班牙《先锋报》刊登了西班牙公民冈萨雷斯因无力偿还债务而遭拍卖物业的公告。2009 年，冈萨雷斯发现谷歌搜索收录了该公告，并指向《先锋报》报道的链接。冈萨雷斯认为这些信息已经过去多年，不再有相关性，要求谷歌删除其链接。欧盟法院根据《数据保护指令》认为，谷歌属于数据处理者和控制者，其对搜索结果负有注意义务。该案中，带有冈萨雷斯个人数据的新闻报道是"不必要、不相关和已过时的"，因此，欧盟法院要求谷歌在搜索引擎中删除链接，保证通过谷歌的搜索服务无法打开该链接。

2016 年欧盟《通用数据保护条例》（*General Data Protection Regulation*）在《数据保护指令》的基础上，明确规定了被遗忘权的实质性内容，并将删除对象从搜索服务提供商进一步扩展到存储服务提供商和缓存服务提供商等所有的数据控制者，并将删除的定义从切断搜索结

---

❶ Google Spain SL, Google Inc. v. Agencia Espanola de, ECLI：EU：C：2014：317.

果链接进一步扩展到直接删除源网站的数据。被遗忘权的确立增加了搜索引擎的审查和注意义务，谷歌甚至专门成立了一支经过培训的审核团队，但是在具体执行上，谷歌采用关键词、域名、访问地址等技术措施，将被遗忘权的影响范围降到最低，● 甚至可以通过优化检索策略来加以规避。另一方面，为了避免相关诉讼，谷歌将某些负面报道的链接主动删除，由此也引发了"选择性遗忘"的争议。

2015 年，国内也出现第一例与被遗忘权相关的案件●。原告任甲玉曾在陶氏生物科技公司从事教育培训工作，并于 2014 年离职，但直至 2015 年起诉前，在百度搜索"任甲玉"，搜索结果的相关搜索处仍显示"陶氏教育任甲玉"等关键词。同时，搜索"陶氏教育"会显示"陶氏教育骗局"等相关搜索词条。任甲玉认为由于百度搜索将其姓名与业界口碑不好的陶氏教育相关联，导致其多次丢失工作机会与客户，因此要求百度断开其姓名与陶氏教育的关联性搜索链接。该案经北京市海淀区法院和北京市一中院两审，2015 年 12 月做出终审判决，法院驳回了原告的全部诉讼请求。对于原告主张被遗忘权，法院认为，我国现行法律中没有对被遗忘权的规定，也没有被遗忘权的权利类型。因此，原告依据一般人格权主张被遗忘权属于一种人格利益，就必须证明其在该案中的正当性和应予保护的必要性，但原告未能加以证明，因此，法院对原告的诉讼请求没有给予支持。

从欧盟适用被遗忘权的效果来看，直接在中国法律中引入被遗忘

● 欧盟隐私权法律对 Google 搜索有何影响 [R/OL]. [2018 - 02 - 03]. https: //transparencyreport. google. com/eu - privacy/overview.

● 北京市第一中级人民法院〔2015〕一中民终字第 09558 号。

权并不是解决相关争议的最佳途径。同时，即使适用被遗忘权也必须进行严格的适用情境测试，需要考虑产生争议的数据信息是否属于私人性质；是否涉及公共利益；数据主体是否是公众人物；数据是否是公共记录的一部分；数据主体是否受到了实质性的伤害以及数据信息的时效性等诸多因素。●

　　因此，当务之急是在现有法律体系框架内寻找解决方案。事实上，妥善利用《中华人民共和国侵权责任法》（以下简称《侵权责任法》）的"通知—删除规则"和《中华人民共和国网络安全法》（以下简称《网络安全法》）赋予个人的要求更正权就可以解决被遗忘权的问题。《侵权责任法》第 36 条规定，网络用户、网络服务提供者利用网络侵害他人民事权益的，应当承担侵权责任。该条进一步明确了网络侵权的"通知—删除"规则，即网络用户利用网络服务实施侵权行为的，被侵权人有权通知网络服务提供者采取删除、屏蔽、断开链接等必要措施。网络服务提供者接到通知后未及时采取必要措施的，对损害的扩大部分与该网络用户承担连带责任。根据这一规定，只要存在侵权行为，无论是侵犯知识产权，还是侵犯当事人姓名权、名誉权、隐私权等法定权利，权利人都可以据此要求网络服务提供者删除、屏蔽相关侵权信息。● 2017 年 6 月起施行的《网络安全法》进一步扩大了个人信息的范围，即便是碎片化的网络信息，只要与其他信息结合后能识别出特定主体的身份，都属于个人信息范畴。该法第 43 条规定，个

● The "Right to be Forgotten"：Remembering Freedom of Expression ［R/OL］．［2018 –02 –03］．https：//www. article19. org/data/files/The_right_to_be_forgotten_A5_EHH_HYPERLINKS. pdf.

● 胡张拓. 国内适用被遗忘权的探讨 ［D］. 北京：清华大学，2017.

人发现网络运营者收集、存储的其个人信息有错误的，有权要求网络运营者予以更正。网络运营者应当采取措施予以删除或者更正。

因此，通过要求网络服务提供者履行《侵权责任法》和《网络安全法》规定的删除侵权信息或错误信息的义务，基本可以达到适用被遗忘权的效果。后续的关键是如何在个案中解释和确定哪些信息属于侵权信息或错误信息，这不仅要求对法定权利的准确理解，更涉及如何在个人权利和公共利益之间寻求平衡。

第四节　创新实践问题的探讨

一、版权侵权案件中如何使用电子数据证据

在网络著作权侵权案件中，原告能否妥善运用电子数据证明被告的侵权行为往往成为能否胜诉的关键。

2017年8月，北京市朝阳区人民法院（以下简称朝阳法院）就原告李俊与被告广州酷狗计算机科技有限公司（以下简称酷狗公司）著作权权属、侵权纠纷一案作出一审判决，认定酷狗公司未经李俊许可，通过音乐软件传播李俊享有权利的歌曲的词、曲及表演，构成侵权，判决酷狗公司停止侵权并赔偿经济损失3 600元。

该案属于典型的网络环境下著作权侵权案件，在此类案件中原告

能否妥善运用电子数据证明被告的侵权行为往往成为原告能否胜诉的关键。

2012 年修订的《中华人民共和国民事诉讼法》（以下简称《民事诉讼法》）确认了电子数据作为一种独立的证据类型的法律地位。2015 年颁布的《最高人民法院关于适用〈中华人民共和国民事诉讼法〉的解释》进一步对"电子数据"进行了法律界定。如今，在越来越多的知识产权侵权案件中，电子数据已经成为常见的证据形态，越来越多的当事人运用电子数据来证明案件事实。

但是，由于存在形式和存储介质具有特殊性，电子数据容易被删除、篡改和伪造，而且对电子数据的删除、篡改和伪造较之其他证据更不易被发现。除了人为因素的影响，电子数据也容易因计算机病毒、系统故障等原因遭到破坏。因此电子数据的证据能力常遭到质疑。

在司法实践中，电子数据能否作为某一案件的证据得到采信，关键在于数据的证据能力，特别是数据的真实性。

真实性，即证据所反映的内容必须是客观存在的事实。由于电子数据需要通过相应设备进行输入、输出和显示，这就要求电子数据在收集、制作、复制、传输和显示的过程中，必须确保没有发生修改、遗漏、丢失或损毁等情况，避免在上述过程中发生变化而失去真实性。

由于电子数据的特点，当事人自己采集、保存、提供电子证据不仅存在技术困难，也容易引发质疑，且不易被法官采信。因此，近些年出现了第三方电子数据平台，协助当事人收集固定电子证据。这种由第三方数据平台固定的电子证据也逐渐在司法实践中得到运用，上述案件就是一例。

对于第三方数据平台固定的电子证据，首先需要审查电子证据的来源；其次需要审查第三方电子数据平台所使用的技术手段能否确保电子证据从收集、固定行为实施至提交法庭期间保持完整，不被篡改、损毁；同时，还需要审查所固定的电子证据被提交法庭的方法或形式，以及该种方式是否足以保证电子证据的完整性、可靠性和稳定性。

在上述案件中，原告李俊通过第三方数据平台（北京源创云网络科技有限公司）的创意宝录屏工具进行录屏取证，生成的录屏文件被上传至原告在第三方数据平台的账户中，并由第三方数据平台出具电子数据保全证书，证明录屏文件存证时间，并附有该录屏文件的 HASH 值。朝阳法院在案件审理过程中，审查了第三方数据平台的取证、证据保存、证据提交与验证的过程，并将当事人提交法庭的证据与第三方数据平台上原始上传的录屏文件进行比对验证，确认证据的真实性，并据此认定原告李俊主张的著作权侵权事实存在。

笔者认为，鉴于当事人自行采集电子数据的技术障碍，以及电子数据容易被删除、篡改和伪造的特性，司法实践中可以通过第三方电子数据平台固定电子证据。法院在完成对电子数据的真实性、合法性、关联性和证明力的审查后，应当予以采用。

二、网络服务商是否需要承担侵权责任

本书作者就有声读物（音频节目）侵权问题接受《中国知识产权

报》记者侯伟采访。采访报道刊登于《中国知识产权报》2017 年 9 月 8 日第 9 版《音频被"共享"，责任谁承担?》。

新闻事件

2017 年 9 月，有媒体报道，一些微信公众号未经许可盗版音频平台的正版节目。例如，蜻蜓 FM 的付费音频节目《蒋勋细说红楼梦》，用户只要在微信上转发一张写有"蒋勋细说红楼梦，免费进群"，复制文字＋图片发至朋友圈就可以免费获得蒋勋的《蒋勋细说红楼梦》，但不是全集。而本来一段 1 小时的音频被切割成十几至二十分钟的片段，完全丧失了音频的完整性和连续性。不单是蜻蜓 FM，其他各大音频平台也有这方面的遭遇。

记者采访：如何看待媒体报道的微信转发音频节目？

回答：随着智能手机功能的增强，有声读物作为电子读物迅速传播，用耳朵听书已经成为适应快节奏生活的一种时尚阅读方式。与此同时，有声读物也经常陷入侵权纠纷。

根据《著作权法》的规定，在音频节目制作完成后，录音制作者对其制作的录音制品（即音频节目），享有许可他人通过信息网络向公众传播并获得报酬的权利，权利的保护期为五十年，截止于该制品首次制作完成后第五十年的 12 月 31 日。

新闻事件所描述的，未经授权在微信中转发、分享蜻蜓 FM 的付费音频节目《蒋勋细说红楼梦》，侵犯了蜻蜓 FM 对其制作的录音制品的信息网络传播权。值得注意的是，上述传播行为即使获得了录音制品制作人的许可，被许可人通过信息网络向公众传播该音频节目，还应当取得原作著作权人、录音节目表演者的许可，并支付报酬。

记者采访：据了解，微信在应对侵权盗版方面采取了一些措施，但收效甚微。作为平台方，微信该如何作为？

回答：这就涉及网络服务商（平台商）是否需要针对未经授权的音频节目分享承担侵权责任。根据《信息网络传播权保护条例》的规定，网络服务提供者为服务对象提供信息存储空间，只有在"不知道也没有合理的理由应当知道服务对象提供的作品、表演、录音录像制品侵权"时，才不承担侵权责任。根据这一规定，在判断网络服务商（平台商）是否构成侵权时，需要考察其是否"明知"或"应知"。

"明知"是指平台商实际知道用户上传的音频节目为侵权产品，最典型的例子是，权利人在网络平台上发现侵权音频节目，并以书信、传真、电子邮件等方式通知平台商，但是平台商没有及时采取删除、屏蔽、断开链接等必要措施，这时可以认定平台商明知相关侵害信息网络传播权行为。

"应知"是从推定的角度去认定平台的主观过错，在判断是否构成"应知"时需要根据网络用户侵害信息网络传播权的具体事实是否明显，综合考虑以下因素，包括：①网络服务提供者提供服务的性质、方式及其引发侵权的可能性大小，应当具备的管理信息的能力；②传播的录音制品的类型、知名度及侵权信息的明显程度；③网络服务提供者是否主动对录音制品进行了选择、编辑、修改、推荐等；④网络服务提供者是否积极采取了预防侵权的合理措施等。

需要特别注意的是，如果平台商在提供网络服务时，对热播的作品以设置榜单、内容简介等方式进行推荐，且公众可以在其网页上直接以下载、浏览或者其他方式获得的，可以认定其应知网络用户侵害信息网络传播权。

记者采访：音频盗版存在哪些特殊性？

回答：相较于图片和文字，音频内容的侵权更具隐蔽性，识别起来也更加困难。因此，可以采取技术措施，如识别和预防网络盗版的版权内容过滤技术。典型的做法是：网络服务提供者事先建立正版作品数据库，当网络用户对外传播作品时，网络服务提供者通过技术措施扫描该作品内容，以此确定其中是否包含正版作品数据库中的内容。如果含有正版作品数据库内容，则阻止该用户的传播行为。

这种机器读取和识别的技术，相对于现行的人工进行比较的"通知—删除"程序，具有更加快速和提前预防的优势。

三、出版课外读物需要关注哪些版权问题

本书作者就课外读物盗版问题接受《中国知识产权报》记者侯伟采访。采访报道刊登于《中国知识产权报》2018年3月9日第9版《莫让盗版盯上课外读物这块"香饽饽"》。

新闻事件

2018年寒假，课外读物受到追捧。当当网发布的数据显示，课外

读物销售增幅超过100%，其中《傅雷家书》销量增长9倍，《海底两万里》销量增长3倍，《笠翁对韵》《三字经》《弟子规》等蒙学读物在去年销量增长5倍的基础上，今年又增长4倍。课外读物市场激增的同时，也让盗版盯上了这块"香饽饽"。淘宝网上售卖的课外读物不少出现了盗版书，而且畅销课外读物还出现了不同版本的盗版图书。

记者采访：请问您认为课外读物包括哪几类？这些类别中哪些版权问题比较突出？

回答：从著作权法的角度出发，课外读物可以做以下两种分类，不同类型的作品相对应的出版时的授权要求也不尽相同。

第一，根据课外读物是否是一部独立的作品，还有由若干作品构成，可以分为独立作品和汇编作品两类。对于独立作品，如《海底两万里》和《傅雷家书》等，作者享有完全的著作权，出版时只需要取得该作品著作权人的授权。对于汇编作品，如故事汇编、散文集、优秀作文选等，是将若干独立的作品或作品的片段汇编在一起，汇编人享有汇编作品的著作权，但是其中每一个独立作品的著作权仍有原著作权人享有。因此，出版汇编作品需要双重授权，不仅要取得汇编作品著作权人的授权，还需要取得其中每一个独立作品著作权人的授权。

第二，根据课外读物的著作权是否还在保护期内，可以分为享有著作权的作品和著作权期限届满已经进入共有领域的作品。对于在保护期内的作品，作品的出版发行都要获得著作权人或其继承人的许可。对于已经超过保护期，进入共有领域的作品，出版发行就不再需要得到许可。考虑课外读物中有不少是经典作品，如唐诗宋词、民国作家的作品等，对于此类进入共有领域的作品，任何有资质的出版社都可以出版发行。另外，还有一些外文作品，虽然原著已经超过保护期，但是中文翻译版仍在著作权保护期内，这时对原著进行翻译不再需要获得许可，但是出版中文翻译版时仍需要获得翻译人，也就是翻译作品著作权人的许可。

记者采访：关于课外读物还有哪些问题值得关注？

回答：出版发行课外读物和出版发行一般的文学艺术作品不同，不仅是对作品的传播，同时也是对人类文明的传承，传承作用更甚于传播作用。因此，课外读物的出版发行有以下两个特点。

第一，课外读物的出版发行要特别强调品质控制，保证出版质量。盗版图书因为成本问题，通常在照排、校对等环节偷工减料，质量难以保证。

第二，课外读物的定价需要考虑到文化传承和教育功能，特别是对于那些已经超过作品保护期，进入共有领域的独立的作品，或者此类作品汇编而成的汇编作品，在确定价格时应该充分考虑到普通家庭的消费力，在保证品质的情况下尽可能降低价格。

四、体育赛事节目应该如何保护

本书作者就体育赛事节目的保护问题接受《中国知识产权报》记者侯伟采访。采访报道刊登于《中国知识产权报》2018年4月13日第9版《体育赛事节目究竟该如何保护？》。

新闻事件

2018 年 3 月 30 日，北京知识产权法院对北京新浪互联信息服务公司诉北京天盈九州网络技术公司侵权案作出二审判决，撤销一审判决，认为涉案赛事公用信号所承载连续画面并未达到电影作品所要求的独创性高度，不构成以类似摄制电影的方法创作的作品。而在央视国际网络公司诉北京暴风科技股份公司侵权案中，北京知识产权法院同样认定，涉案赛事节目在独创性高度上较难符合电影作品的要求，不构成电影作品，而属于录像制品。这两起判决均认定涉案赛事画面不构成作品，引发行业高度关注。

记者采访：请问您对北京知识产权法院这两个案件的判决有什么看法？

回答：关于北京知识产权法院近日审理的两个有关体育赛事节目的案件，有以下三点看法。

第一，需要区别体育赛事节目和体育赛事两个概念。体育赛事节目，是指对体育赛事进行摄制、广播或转播而形成的视听节目。因此，北京知识产权法院近日审理的两个案件只涉及体育赛事节目，而不针对体育赛事本身。换句话说，体育赛事自身的性质、特点或观赏性不予考虑。

第二，根据《著作权法》和《著作权法实施条例》，将连续摄制相关画面而形成的录影分为两类：独创性程度较高的，属于"电影作品和以类似摄制电影的方法创作的作品"；其他的则属于"录像制品"。北京知识产权法院的两个判决认定，涉案体育赛事节目不构成电影作

87

品和以类似摄制电影的方法创作的作品，但是构成录像制品。做出这种判定的本质是认为，涉案赛事节目在独创性高度上难以符合电影作品的要求。

第三，作为录像制品，享有复制、发行、出租和信息网络传播权，但是不享有广播权和放映权。也就是说，对于已经录制好的体育赛事节目进行播放，可以认为侵犯了录像制品的复制权；如果是通过网络播放，则侵犯了录像制品的复制权和信息网络传播权。但是，如果是转播体育赛事节目的直播视频，由于现场直播时，比赛画面尚未固定在有形载体上，也就不能形成录像制品。这意味着，北京知识产权法院审理的案件中，涉案体育赛事节目的直播行为不能提供著作权法上的保护。

记者采访：学术界和司法界关于体育赛事节目能否构成作品争议很大，请问您持有怎样的观点？

回答：目前体育赛事节目不适合作为作品，即电影作品和以类似摄制电影的方法创作的作品，而应该作为录像制品，主张录像制作者权；或通过扩展解释，作为广播电视节目，主张广播组织权。

北京知识产权法院关于体育赛事节目的两个判决，确认了体育赛事节目录制后，可以作为录像制品进行保护，但是录音录像制作者对于直播行为是无法主张权利的。也就是说，这两个判决影响最大的是体育赛事节目的直播。

对于体育赛事节目的直播，如果是由广播电台、电视台完成，则可以通过主张广播组织权来阻止他人的直播行为。如果直播是通过其他组织，如获得主办方授权的网站来进行直播，那么能否通过对电台和电视台进行扩张性解释，将获得授权的网站纳入其中？这样就可以通过主张广播组织权来阻止其他网站的盗版行为。

五、杂技节目如何获得著作权保护

本书作者就杂技节目《俏花旦——集体空竹》卷入版权纠纷接受《中国知识产权报》记者侯伟采访。采访报道刊登于《中国知识产权报》2018年5月4日第9版《〈俏花旦〉到底"花"属谁家？》。

新闻事件

中国杂技团有限公司推出的杂技节目《俏花旦——集体空竹》曾荣获多项国内外大奖，但该节目却卷入了一起版权纠纷。因认为腾讯视频网站播放的河南省许昌县广播电视台（现为许昌市建安区广播电视中心）举办的2017年春节联欢晚会中，杂技节目《俏花旦》与《俏花旦——集体空竹》高度相似，侵犯了其相关权益，中国杂技团将腾讯公司、许昌县广播电视台等诉至北京市西城区人民法院，2018年4月24日，法院进行了公开开庭审理。

记者采访：您怎么看这个案件？另外，杂技作品的独创性要如何认定？如何判断杂技节目构成抄袭？

回答：本案的一个关键在于判断原告中国杂技团的《俏花旦——集体空竹》节目是否属于著作权法保护的对象。如果属于，才谈得上判断被告是否构成侵权。因此，本案的焦点还是落在对杂技艺术作品及其保护范围的界定上，这也是业界存在颇多争议之处。以下从三个层面分析这个案件。

第一，从立法层面分析，《著作权法》对杂技艺术作品的规定存在争议。

《著作权法实施条例》中规定，"杂技艺术作品，是指杂技、魔术、马戏等通过形体动作和技巧表现的作品"，这个定义存在一定的争议，特别是杂技节目的技巧属于操作方法，技巧本身并非著作权保护的对象。立法者也意识到原有杂技艺术作品定义的问题，在《著作权法》修改草案送审稿中，将"技巧"从"杂技艺术作品"的定义中删除，定义为"通过形体和动作表现的作品"。需要注意的是，舞蹈作品同样也是形体和动作表现的作品。

因此，可以看出，《著作权法》单独设立杂技艺术作品并无必要，《保护表演者、音像制品制作者和广播组织罗马公约》（以下简称《罗马公约》）和国外立法主要是通过将杂技演员纳入表演者范围，通过让杂技演员享有表演者权的方式来保护杂技演员的权益。

第二，从侵权判断层面，通常很难认定作为传统民间文艺的杂技节目具有创造性。

基于报道提供的内容，首先需要明确杂技节目中具有独创性的部分。根据被告的答辩，空竹技术是民间技艺，杂技有 27 种，在表达上都有相似的成分。因此，单个抖空竹动作本身是没有独创性的。那么，对单个的抖空竹动作的编排是否具有独创性？独创性要求独立完成并达到一定的智力创造高度。作为传统民间文艺形式，表演形式和动作组合已经形成了一定的模式和套路，单纯的动作编排通常很难达到独创性的高度，因此，也就谈不上构成侵权。

第三，从如何有效保护的层面，可以通过其他多种途径获得保护。

首先，针对杂技节目的背景音乐、舞蹈表演、舞台布景、演员服饰等部分，可以作为音乐作品、舞蹈作品、美术作品单独进行保护。其次，对于杂技表演者，可以通过要求表演者权，对自身的人身权和经济权进行保护，包括表明表演者身份权、保护表演者形象不受歪曲权、现场直播权、首次固定权、复制、发行权和信息网络传播权。最后，还可以通过对所创作的节目申请商标保护，保护自身的品牌价值。

第三章　创意产业的知识产权保护

本章重点讨论创意产业的知识产权保护，包括：博物馆藏品数字影像的著作权保护；香水的著作权保护；传统文化表现形式的著作权保护；针对创新实践中具体问题的探讨，涉及创意在多大程度上可以获得著作权保护；如何对纹身图案进行保护；如何界定设计方案抄袭；如何解决短视频侵权频发。

第一节　博物馆藏品数字影像的著作权保护

如何保护和利用博物馆藏品数字影像的著作权引发争议，值得注意的是，藏品数字影像的授权政策不仅涉及知识产权保护和商业开发，文物本身承载的文化传承价值也需要得到重视。

2017 年 9 月 15 日，腾讯发布了"艺术＋"计划，上线"博物官"小程序，帮助艺术爱好者识别名画，了解名画背后的故事。腾讯计划联手100家博物馆，为艺术品提供全面的数字化展现。2018年7月，腾讯与北京故宫博物院宣布建立合作伙伴关系，北京故宫博物院向腾讯开放经典藏品图片，通过腾讯开展表情设计、游戏创意开发。

无独有偶，中国台北故宫博物院也在2018年7月宣布，今后所有在Open Data专区公开的图像和文物资料，均无须申请即可直接下载使用且不限用途，这就意味着，其既可供个人欣赏、教学使用，也可用于营利性目的。目前，中国台北故宫博物院已经公开了7万张低分辨率图片供免费下载。而需要高分辨率图片的用户，则必须向博物院提出授权申请。博物院介绍，希望通过开放藏品的数字图像，扶植文化创意产业，让典藏文物成为创意源泉，并以此进行产品开发。

两岸故宫不谋而合，几乎同时开放馆藏品图片的商业化应用，由此引发一个必须面对的法律问题：如何保护和利用博物馆藏品数字影像的著作权？

一、使用藏品图片引发争议

2016年11月，中国台北故宫博物院声称，北京故宫博物院侵犯其著作权并准备就此提起诉讼。事情的起因是，北京故宫博物院出版的《故宫画谱：山水卷·山石》收录了台北故宫博物院的藏品《溪山行旅图》《富春山居图》和《早春图》。这几幅图片是北京故宫博物院自行扫描台北故宫博物院的出版物所获，并未得到台北故宫博物院的授权。台北故宫博物院发现后函请北京故宫博物院补办图像授权，北京故宫博物院没有给予答复。台北故宫博物院声称将对北京故宫博物院提起侵权诉讼。但是，半年多过去之后，台北故宫博物院不仅未对北京故宫博物院提起诉讼，反而宣布向公众免费开放藏品的图片，以供商业开发。

北京故宫博物院出版的《故宫画谱：山水卷·山石》收录了五代、宋、元名家的山水画代表作，借助作品解析画山石的笔墨技法，虽然书中有 3 幅图片是从台北故宫博物院图册中扫描所得，但并不构成对台北故宫博物院的著作权侵权。究其原因，其一，文物书画照片缺乏独创性，不享有著作权保护；其二，北京故宫博物院并非直接复制台北故宫博物院画册内容，而是将单幅照片和若干其他作品一起汇编成册，在内容的选择和编排上体现出独创性，同时图片的选择和使用是为了解析山石画法而不是单纯的展示，因而《故宫画谱：山水卷·山石》本身作为汇编作品享有著作权保护。但是，这并不意味着所有未经许可使用博物馆藏品图片的行为都不构成侵权。

二、区分藏品图片使用情况

2001 年，北京市第一中级人民法院审结北京故宫博物院诉中国商业出版社侵犯著作权一案。案件起因是，中国商业出版社出版的两部书，未经授权使用了北京故宫博物院《清盛世瓷选粹：故宫博物院藏》等三本书中的 790 幅藏品图片。法院判决中国商业出版社停止侵权，公开赔礼道歉，并赔偿北京故宫博物院损失和诉讼合理支出 65 万余元。

北京市第一中级人民法院的判决肯定了藏品图片享有著作权，照此推论，是否可以认为北京故宫博物院未经授权使用中国台北故宫博物院藏品图片的行为同样属于侵权呢？事实上，北京故宫博物院诉中国商业出版社一案与两岸故宫关于书画藏品图片授权争议存在两点重要区别：第一，北京故宫博物院和中国商业出版社一案中涉诉的图书均为图录，即藏品图片汇编，图片构成全书的主体部分，仅配有简单的文物介绍和说明性文字，并非使用图片阐述某一特定问题；第二，北京故宫博物院所出版的三本书中共有文物图片 882 幅，中国商业出版社未经授权共使用了其中的 790 幅，且从图书选编的内容和结构来看，中国商业出版社基本沿用了北京故宫博物院所编图书的编排。

三、规范藏品数字影像使用

根据上述分析，可以认为，单幅藏品图片因其不具有独创性，不能作为著作权法意义上的作品加以保护。但是，对于藏品图片的汇编，如果满足独创性条件即可构成汇编作品，享受著作权保护。因此，博物馆汇编藏品数字影像所出版的图书、制作的数据库等都享有著作权，他人未经授权的使用均构成侵权。

对于单幅书画藏品的数字影像而言，由于书画藏品本身由博物馆收藏、保管，数字影像由博物馆出资制作，博物馆有权针对数字影像的商业性使用收取合理的费用，这也是目前博物馆界的通行做法。例如，北京故宫博物院在其官方主页中声明，对于个人、学术研究、教育等非商业用途使用图片，可以通过提交影像授权《申请函》联系获得授权；商业用途的使用不仅需要获得书面许可，还需要支付相应的图片使用权费和图片制作费。北京故宫博物院也对学术科研和商业用途加以区分，分别制定了两种《故宫博物院影像资料使用合同》范本。

大英博物馆对其馆藏品数字影像的使用有着更为严格的保护，是将馆藏品的照片作为摄影作品享受著作权保护。大英博物馆"图像授权使用条款"指出，除了许可证另有规定外，大英博物馆仅授予馆藏品图像作品的权利。图像授权条款明确规定，对馆藏作品数字影像的所有商业性使用必须获得授权，并且对使用方式和使用范围做出了详细限定，包括仅允许在许可产品上使用图像；不得以任何可能被视为欺骗或误导的方式使用图像，使用不得造成对大英博物馆的声誉或形象的不良影响；不得以任何导致与大英博物馆图像构成竞争的方式使用或许可使用图像；使用应严格遵守大英博物馆关于被许可人使用和应用图像的形式和方式的指示。根据规定，每张图片的使用必须附有授权信息，如果没有注明授权信息，将额外增收50%的费用。

对于图片的信息化使用，大英博物馆的要求更为苛刻，规定除了事先获得书面授权之外，不得以任何形式的电子出版物或互动媒体形式使用图片，图片也不得用于任何形式的电子或数字复制、发行或传播。

四、开放低分辨率图片空间

尽管藏品图片在独创性上仍受到争议，目前世界主要博物馆都将其馆藏品的影像作为受著作权保护的重要资产加以管理。根据加拿大文化遗产信息网络的调研，北美地区博物馆管理的受著作权保护的资产包括：博物馆馆藏文物和艺术品的摄影图像、录音制品（如 CD）、视听作品、多媒体制品（包括互联网相关产品）、印刷版和电子版的出版物以及藏品信息的数据库。

绝大部分博物馆在对馆藏品的数字影像进行授权时，都区分商业性使用和非商业性使用，对商业性用途的授权进行收费并加以使用限制。台北故宫博物院新出台的政策则与众不同，不限用途全面放开低分辨率图片的下载和使用，对于高分辨率图片，也仅需提出授权申请，注明出处或标示台北故宫博物院藏品，并未提及授权费用。

可以认为，台北故宫博物院的馆藏品数字影像授权政策是一种适应互联网时代的举措：通过开放馆藏品的数字图像，促进文化创意产业，特别是互联网产业对其进行产品开发和市场拓展。同时，这一基于开放共享理念的政策更是一种向文物的文化传承价值的回归，让博物馆内典藏的文物和国宝成为新时代创意的源泉，国民共享，在欣赏品味的同时更籍此创造新的财富。与其在藏品图片的授权与使用中陷入争议和法律争端，不如主动开放文物影像，使文物所承载的文化价值得以传承。台北故宫博物院的这一做法既明智又惠民，其后续发展值得进一步关注，可能由此催生了博物馆藏品影像授权和利用的新模式。

第二节　香水的著作权保护

不同气味的香水搭配不同的着装、不同的心情，营造出独特的氛围，体现出使用者鲜明的个性。那么香水能否作为著作权保护的客体？如何理解香水的独创性？如何进行侵权判定？

嗅觉产品首次进入著作权法保护领域始于 2006 年 1 月 25 日巴黎上诉法院一起侵犯香水著作权的判决。该案是由欧莱雅公司及兰蔻、乔治·阿玛尼、卡夏尔、拉尔夫·劳伦、姬龙雪等品牌公司针对比利时贝绿尔公司仿制和销售香水行为提起的诉讼。该判决突破了原有著作权法仅保护视觉产品、听觉产品、视听产品的限制，嗅觉产品第一次被认可为著作权法意义上的作品。同年 6 月，在 Mme Bsiri – Barbir 诉 Sté Haarmann、Reimer 案中，法国最高法院却认为香水不能被著作权法保护，只能作为商业秘密加以保护。

另一个相关案例来自同年荷兰法院在"兰蔻"诉"蔻梵"案的判决。法国兰蔻公司自 1985 年开始销售"珍爱"香水，荷兰蔻梵公司从 1993 年起以兰蔻公司十分之一的价格出售"女士珍爱"香水。兰蔻公司 1995 年试图以商标侵权为由阻止蔻梵公司继续使用"珍爱"一词作为商标，但是荷兰上诉法院认为一般公众不会对这两个商标产生混淆，1997 年 4 月判决兰蔻公司败诉。2000 年荷兰《商标法》修订后，兰蔻公司再次将蔻梵公司送上法庭，这次分别以商标侵权和著作权侵权为由提起诉讼。商标侵权诉讼兰蔻公司依旧败诉。直至 2006 年 6 月荷兰最高法院承认了嗅觉产品在原则上可以作为著作权保护的客体，最终判决兰蔻公司在著作权侵权诉讼中胜诉。

上述大相径庭的裁判结果也反映出对香水能否使用著作权保护在司法界存在重大分歧。

一、香水的作品属性

《伯尔尼公约》第二条第一款规定，"文学艺术作品"一词包括科学和文学艺术领域内的一切作品，不论其表现方式或形式如何。对作品形式的开放性规定使得嗅觉产品有可能被纳入著作权保护的范围。这一点在上述法国和荷兰的案例中得到了充分的印证。在欧莱雅等公司诉贝绿尔公司一案中，巴黎上诉法院认为，法国《知识产权法典》第 L. 112 - 2 条对受著作权保护作品采用了非穷尽性列举，嗅觉作品并没有被排除在外；该法典第 L. 112 - 1 条还规定："任何精神作品的作者权利"都受本法典保护，而"不论其种类、表达方式、价值和用途"。因此，香水可以成为法国著作权法所保护的精神产品。

在兰蔻诉蔻梵案中，由于荷兰的著作权法没有采用穷尽列举的方式规定著作权法保护的对象，基本上任何符合可感知和原创性条件的事物都符合著作权法保护的要求。因此，荷兰最高法院认为香水可以被鼻子所感知，所以只要符合原创性要求则可以作为著作权法保护的作品。

二、香水的思想和表达

对作品形式的开放性态度，是否意味着对于作品的思想和表达采用同样包容的态度？在欧莱雅等公司诉贝绿尔公司案一审中，巴黎大事法院将香水的配方与音乐的乐谱相类比，认定香气是香水调配师为美学目的，选择不同香料而配成的独创性气味，从而构成一种精神产品。而在 Mme Bsiri – Barbir 诉 Sté Haarmann、Reimer 案中，法国最高法院将调香师比作工匠，如同木匠或管道工的性质，而不承认他们是艺术家，认为调香师的作品不符合著作权保护的要求。

香水是否具备传达一定思想的功能，对这个问题的回答仁者见仁、智者见智，很难得到统一答案。但可以肯定的是，调香师或香水设计师在"创作"香水的过程中，试图通过特定香精的组合传递一种特别的情绪或情感，同时香水包装的构图设计、色彩、材质，甚至整个香水产品的宣传、广告，乃至香水名称都是围绕设计师的这一创作主题精心策划的。

由于受著作权保护的是能够以一定物质形式表现或固定下来供人利用的作品❶，香水作为著作权的客体，它受到保护的部分究竟是香水的物理组成（即香精组合加水）还是香气？在兰蔻诉蔻梵案中，荷兰上诉法院将香水划分为散发香气的物质（即组成香水的成分）和香气本身，认为香气存留短暂而且由于环境因素会不断变化，因此不能被

---

❶ 沈仁干，钟颖科. 著作权法概论［M］. 北京：商务印书馆，2003：67.

著作权法保护；而散发香气的物质是可以通过气味被感知的，且成分确定、状态稳定，因而是受著作权保护的作品。这种将香水气味与香水成分区分的做法，会带来某种潜在的法律判断危机，即如果两种香水的成分完全不同，但是气味却相同或非常相似，那么是否构成侵权？又如，两种香水配方非常相似，但是仅因为个别成分的不同导致气味完全不同，是否构成侵权？另外，如果将著作权保护的客体仅确定为香精组合和液体成分，那么与专利及商业秘密保护并无实质性区别，做出上述区分会导致保护客体上的舍本逐末。在香水著作权保护客体上，能否认为受保护的客体既包括物理成分也包括气味形态，将物理成分看作是气味的有形载休，将两者作为一个整体看待。

三、香水的原创性判断

为了证明涉案香水具有原创性，在欧莱雅等公司诉贝绿尔公司一案中，代理人通过出具的分析报告揭示涉案香水的嗅觉构成以及其独特的香精组合，证明作者的创意。在兰蔻诉蔻梵案中，兰蔻公司列举出香精的特别组合，并详细介绍了香水开发设计的过程及香料成分组合的挑选，证明香水带有设计者的个人风格。上述证明过程中都进行了香水成分分析，那么，仅依靠人体嗅觉器官能否直接鉴别某种香水是否具备原创性？毕竟香水所表达的思想是通过人的鼻子感知后体会到的，而不是通过仪器分析或测定的。个体对气味敏感度的差异并不是否认人体感知判断的最好理由，因为对于其他作品，如文学作品、美术作品，个体欣赏的差异性同样存在。

对于原创程度的界定，在兰蔻诉蔻梵案中，法庭认为原创性并不要求作品是绝对新的东西，只要从设计者的角度来看作品具备了主观创作，即具有原创性。一款香水属于一个传统的或固定的香型并不足以充分证明其不具有原创性，只要设计者能够证明其在香水创作发展过程中所作的贡献，加入了自己的新鲜创造，即具备了原创性。但如果一种香水是完全复制一种现存的气味，如玫瑰的香气，则不具备原创性。

四、香水著作权的侵权判定

对于香水著作权侵权的判定，上述案例中，法院分别采用了物理—化学性质分析和大众嗅觉测试两种认定方法。在欧莱雅等公司诉贝绿尔公司一案中，巴黎上诉法院主要通过嗅觉测试和物理—化学分析对原版和盗版香水进行相似性审查，以判定是否存在侵权。例如，对于贝绿尔"粉红奇迹"香水和兰蔻"奇迹"香水，嗅觉测试表明77%的女性消费者认为两种香水相近，这其中80%认为很相近；物理—化学分析表明"奇迹"香水的30种组成香料中有26种被用于配制"粉红奇迹"香水。兰蔻诉蔻梵案中，在判定兰蔻公司的著作权被侵犯时，法院主要依据了对两种香水物理—化学性质分析的专家报告。该报告指出蔻梵"女士珍爱"香水中的24种成分与兰蔻"珍爱"香水的成分完全相同，且第25种成分是"珍爱"香水其余成分的便宜替代品。因此，两种香水闻起来的相似绝不是一种巧合，而是由于被告的香水中包含了相当多的原告香水受著作权保护的部分。

由此可见专家意见在判定侵权中的重要性。问题是，这里的专家是物理—化学分析师还是专业调香师？如果物理—化学分析报告和调香师出具的专家意见之间存在矛盾之处，将如何处理？另外，大众嗅觉测试的准确度也值得怀疑。参加测试的人群、测试的时间、环境，以及测试中使用的对比参照剂的选择都会在很大程度上影响参与者的判断。因此，判定侵权的技术分析指标和主观判断标准是考察此类案件中的值得重视的分析点。

另外，对哪些行为属于香水侵权行为也值得进一步探讨。从上述法国和荷兰案例来看，侵犯行为仅限于制作和出售行为。消费者使用盗版香水则不适合认定为侵权，否则无疑为消费者增加了沉重的鉴别义务。同时，应充分考虑嗅觉产品及其传播途径的特点对香水著作权的行使进行限制，例如香水的试用、将香水喷洒在一定时间内固定气味的物品上使用或出售的行为都应属于合理使用范围。

五、对香水保护模式的思考

鉴于以上对于香水著作权保护模式的分析，我们发现简单地将香水纳入著作权的保护框架未必是一个明智的选择。由于嗅觉产品的特殊性，香水在作品的属性、思想和表达、作品的原创性，以及侵权判定等诸多方面都与传统的著作权相差甚远。

目前，香水制造商一般采用商标和外观设计的方式保护香水产品，但是这些保护都是外围保护，没有涉及香水本身。利用专利制度可以保护香水的制造方法和香水组合物（作为化学物质），但是专利权作为一种工业产权，保护的是技术方案，强调的是产品在使用中能够产生积极效果，这些与使用著作权保护香水的初衷并不一致。至于使用商业秘密来保护香水的机制，类似于专利保护，关键在于保护香水的独特配方。

在众多涉及侵犯香水知识产权的案件中，侵权人在仿制香水气味的同时一般都采用了混淆商标或模仿外包装的做法。这是因为单纯的气味本身并不具有广泛的市场号召力，只有将特定的气味与特定的商标及外观设计结合在一起才形成了香水产品特定的"文化氛围"。因此，即便我们承认了香水著作权客体的地位，完整地保护香水产品同样需要借助商标保护和外观设计保护机制。在荷兰的兰蔻诉蔻梵一案中，我们看到兰蔻公司是在寻求商标保护未果的情况下才转投著作权保护之门的。

然而以上分析都是基于现有常规技术条件展开的，如果气味的存贮、传播和复制实现了电子化、数据化，那么"复制"香水的成本会大大降低，这将促使产业界利用著作权保护香水的迫切性骤然上升。事实上，目前日本东京工业大学已经制造出记录复制气味的小型机器，并启动了"气味视觉"工程，在电影播放中首先使用气味同步传输。日本庆应义塾大学也在进行类似研究。可以预见，实现通过网络、手机等通讯设备传输气味信息已不再遥不可及。由此可见，对于香水著作权保护的探讨可能有些超前，但绝不是不切现实的假想，然而完善香水著作权保护机制必须深刻考察嗅觉产品的特质，并紧密联系其他知识产权保护模式。

第三节　传统文化表现形式的著作权保护

传统文化通常是几代人甚至更多代人创造所得，反映一个社群的历史、文化多样性，特别是在原住民社区中产生的特定的"传统文化表现形式"确立并反映了其特殊的社群价值、传统和信仰特征。

"传统文化表现形式"的保护是近年知识产权领域讨论的热点之一。本节分析中国台湾地区三个与原住民"传统文化表现形式"相关的案例，探讨"传统文化表现形式"与著作权保护的关系。

对"传统文化表现形式"，目前尚未形成正式定义。传统文化通常是几代人甚至更多代人创造所得，反映出一个社区的历史、文化和多样性的社会价值，特别是在原住民社区中产生的特定的"传统文化表现形式"确立并反映了其特殊的社群价值、传统和信仰特征。按世界知识产权组织的描述，"传统文化表现形式"由具有传统艺术遗产特征要素构成的，并由某一社区或由反映该社区的传统艺术追求的个人所发展并维持的创作成果，包括语言表现形式、音乐表现形式、行动表现形式和有形表现形式等。其中，有形表现形式包括工艺品、乐器、建筑形式和民间艺术作品，特别是绘画、雕刻、雕塑、陶土艺术、木工、金属器皿、珠宝、筐篮编织、刺绣、纺织品和服饰等。

一、与原住民图腾相关案例

案例一涉及中国台湾地区排湾族原住民的古老图腾图案。根据"台湾屏东地方法院刑事判决 89 年度易字第 512 号"及"台湾高等法院高雄分院 89 年度上易字第 2183 号刑事判决"，被告乙某为屏东正隆布庄负责人，以经营山地服装布料、十字绣花和山地服饰品为业。乙某被控违反中国台湾地区"著作权法"第八十七条之二款，即"明知为侵害制版权之物而散布或意图散布而公开陈列或持有者"视为"侵害著作权或制版权"；其理由是被告乙某在 1999 年明知"基督精兵"（即原住民双手各执一条蛇的美术图案）是被侵权人甲某所创作的美术图案设计作品，且该作品多次入选山地美术奖项并在山地美术设计图案中有一定声誉，而未经甲某同意将该图案使用于其制作的提带、背包并陈列销售。

被告乙某辩称"原住民双手各执一条蛇"图案是原住民的古老图腾，不具原创性，不应受著作权法的保护。经法庭查证：被告乙某所制作提带、背包上的图案，与被害人得奖作品大致相近；但该原住民戴帽双手各执一条百步蛇图案以及绘有双蛇的陶壶图案，在 1972 年刘其伟编著的《台湾原住民文化艺术》一书第 12 页鲁凯族少女传统盛装服饰上即已出现此图腾，在 1993 年洪英圣所著《台湾先住民脚印》一书中也曾出现此图腾。因此，两审法庭均认为：被害人甲某的图案是沿袭自原住民古老图腾，已不具有原创性，且其图案意境与前述书籍中的图案意境相同，因此不得认为是被害人首先创作，亦不得因为被害人据此图案得奖而认为该图案是其首先创作。

同时，两审法庭均指出，在"台湾行政院原住民委员会"2000年6月19日"台（89）原民教字第8906352号函"中引用了《台湾原住民物质文化传统手工艺之研究》及《台湾原住民文化园区导览手册》内容，称"有排湾族为百步蛇后裔的神话，因此排湾族日常生活表现在衣饰、陶壶、门板、屋墙等艺术创作上，常见其图腾的色彩"。

综上所述，两审法庭均认为，被告乙某所销售商品上的图案，即原住民手执双蛇图案及陶壶上附有蛇纹图案均属于常见图腾，亦常见于排湾族的服饰上。因此，被害人甲某的创作是沿袭自原住民的古老图腾，不具有原创性。因而判定被告乙某并未侵害甲某的著作权。

二、与原住民传统服饰造型相关案例

案例二和案例三均涉及中国台湾地区原住民传统服饰造型。依据"智慧财产法院97年度刑智上易字第63号刑事判决"和"智慧财产法院98年度民著诉字第13号民事判决"，两案均涉及判定被告所销售原住民玩偶是否侵犯他人在先设计玩偶的著作权。

在两个案件中，法院均认为，著作权法所保护的"著作"须具有原创性。法院认为，著作权法上的原创性程度，不如专利法中发明、实用新型等所要求的原创性（即新颖性）程度高，即不必达到前无古人的完全独创；而且即使与他人作品相似或雷同，如果不存在模仿或盗用，且足以表现出作者的个性及独特性，即可认为具有原创性。法院同时强调，著作权法上的原创性，只要求是独立创作，而不须具有新奇性。著作不因其与他人创作在前的著作在本质上类似且不具备新奇性而被拒绝著作权保护。原创性的意义，在于著作人独立创作，而非抄袭他人著作。因此，即使一著作与另一在前著作完全相同，但并非抄袭该前一著作，而是独立创作的结果，亦具有原创性而受著作权法的保护。换言之，著作权法中的原创性是相对的、比较的观念。

在"智慧财产法院 97 年度刑智上易字第 63 号刑事判决"中，法庭在判定是否侵权时，认为：被害人以各个不同原住民族群的传统服饰为其创作基础，进而将各个不同原住民族群的文化传统表现在其创作的原住民玩偶上，而任何人都可以将原住民族群的传统服饰作为自己的创作蓝图。就被害人所制作的原住民玩偶本身而言，并未明显超脱原住民族群传统服饰造型，不具有一般人一见即可知的特殊性，因此不能根据被告所销售原住民玩偶与被害人所设计原住民玩偶存在部分特征雷同，即认为被告销售的玩偶不具备原创性、抄袭被害人的设计。同时，被害人所创作的原住民玩偶，其造型并非如 Micky Mouse、Hello Kitty 等属于知名且为公众所熟知的设计。因此，法庭认为，不能认定被告所销售的玩偶复制了被害人的设计，因而认定被告并未侵害其著作权。

在"智慧财产法院 98 年度民著诉字第 13 号民事判决"中，法庭对原告和被告的原住民玩偶做了更加详细的比较。法庭认为，比较原、被告所提交的原住民传统服饰照片，可确定各族原住民传统服饰均有其一定款式，配色、条纹、羽饰亦有一定设计，不可能凭空想象或任意混搭。因此，由于原告所创作的原住民玩偶是依据原住民传统服饰演绎而来，而被告所销售的系争原住民玩偶也是基于原住民传统服饰的设计，则理论上原、被告的原住民玩偶在服饰穿着上应无太大差异。

法庭经比较发现，排除原、被告的玩偶在服饰上的相近不论，原告所称被告销售玩偶侵害其著作权最主要之处，在于双方的玩偶均呈圆脸、圆鼻、圆耳、插两根灰色羽毛于头部前侧、双手弯曲握拳放于胸前、双脚张开呈八字形等处。经法庭考察，圆脸、圆鼻和圆耳是一般玩偶最常见的作法；插羽毛部分是原住民传统装饰；双手握拳、脚部呈八字形也均为常见作法，不能因此常见作法双方雷同，即认为被告所销售的原住民玩偶侵害原告的创作。此外，原告也承认玩偶手部因制作瓶颈无法做出手指形状，即以握拳状替代，而头部羽毛也因制作困难无法放置于头部后方，遂设计成放置于头部前侧。法庭认为，由于在制作时面临同样的技术难度，也导致被告所销售的原住民玩偶在相关细节采用了类似的处理手法。据此，法庭认为，除上述雷同之处外，被告销售的原住民玩偶与原告的创作还存在不同之处，因此认为被告销售的玩偶具有原创性，并非复制原告的设计。因此，法庭驳回了原告主张被告故意侵害其著作权的请求。

三、基于上述中国台湾地区案例的思考

传统文化表现形式作为一种文化遗产不断被再创作，给创作者提供了宝贵的创作灵感和创作素材。但是对于传统文化应不仅限于模仿和复制，还必须在传统的框架内进行创新和创作才能形成新的知识积累。

针对上述中国台湾地区涉及图腾图案的案例，法庭认为若所创作的图案沿袭自原住民古老图腾，则不具有原创性。在阐释判定理由时，法庭认为系争的图案意境与之前出版书籍中所存在的原住民图腾的图案意境相同，因此认为不具有原创性。这里选取作品"意境"作为比较对象显然不妥，根据中国台湾地区"著作权法"第十条之一的规定，著作权的"保护仅及于该著作之表达，而不及于其所表达之思想"。事实上，在该案中根据对涉案实物及书面证据的比对，可以发现系争图案与原住民图腾图案不仅在意境上相同，更主要的是在构图和花纹上相同及相似，这才是法庭判定其不具备原创性的真正原因。而如果某件作品仅仅依据了原住民古老图腾的观念或意境，但同时具备了自行创作的由独特构图及花纹构成的图案，则应当受到著作权法的保护。原创性包含原始性和创作性两点要求，即须是作者的独立创作，并且作品具有一定的创意高度❶，因此其判断重点在于是否是创作者的独立表达，是否有独特的形式，而不问其观念或意境是否为首创。

针对上述两个涉及中国台湾地区原住民传统服饰造型的案例，法

---

❶ 罗明通. 著作权法论 [M]. 7 版. 中国台北：台英商务法律，2009：154.

庭审判的焦点集中在对原住民传统服饰造型与玩偶作品原创性关系的判定上。法庭认为，任何人均可以原住民族群的传统服饰作为其创作基础，因此如果创作者没有特殊贡献，则不得据此否定他人所创作的部分特征相同或类似作品的原创性，亦不得据此否定对他人上述作品的著作权保护。该案体现出法官对"公共领域"和知识产权保护范围之间界限的判断。公共领域透过创作素材的提供，具有维护、提升个人创作自由的作用，使得个人取得在文化、社会环境中的主动性。❶ 因此，对于传统文化中属于公共领域的部分，任何人不得借由著作权将其变为私权的一部分。

以上三个案例均涉及"传统文化表现形式"与著作权保护的关系，而如果要对原住民的"传统文化表现形式"使用著作权法加以保护，还将面临如下问题：首先是原创性问题，原住民族的创作大多是源于世代相传的既有文化表现，其创作是否具有足够的原创性？其次，这些创作能否固定于有体物上，并能够进行复制？一些"传统文化表现形式"如祭祀时涂抹脸上的图案、吟唱的咒语、口口相传的传统歌谣或故事无法满足上述要求。另外，著作权人的认定也是一个难题。原住民的创作大多由群族集体发展而成，无法如著作权由个人或法人享有。同时某些"传统文化表现形式"不仅年代久远，而且其创作大多伴随原住民的日常生活持续发展，因此如著作权那样设定一个固定的

---

❶　邱盈翠，黄居正. 公共领域的结构转型——理论变迁与司法实务的观点［M］// 刘静怡. 传统智慧与公共领域——原住民族传统智慧创作保护论文集. 中国台北：数位典藏与学习之学术与社会应用推广计划，2009：256.

保护期限并不合适。❶

因此，针对"传统文化表现形式"的权利界定、权利归属及其保护形式等问题都需要有特殊的制度（Sui Generis System）加以规范。2007 年 12 月中国台湾地区公布并开始实行《原住民传统智慧创作保护条例》（以下简称《原创条例》），该条例所称智慧创作，指原住民传统之宗教祭祀、音乐、舞蹈、歌曲、雕塑、编织、图案、服饰、民俗技艺或其他文化成果之表达。一旦该"文化成果之表达"依法经主管机关确认并登记为"智慧创作"，取得登记的原住民族或部落，即可据此主张"智慧创作专用权"，对抗任何侵害智慧创作人格权和财产权的行为。《原创条例》对传统智慧创作加以承认、保护的目的，并非单纯着眼于权利的商业利用及其他经济价值，而是特别强调保护特定群族文化与其表现方式的正统性与完整性，因此《原创条例》规定，"智慧创作专用权"应永久保护，若"智慧创作专有用权人"消失，其专用权归属于全部原住民族享有，视同永续。

第四节　创新实践问题的探讨

一、创意在多大程度上可以获得著作权法保护

本书作者就《歌手》Jessie J 宣传片涉嫌抄袭香奈儿广告接受《新京报》记者张赫采访。采访报道刊登于《新京报》2018 年 1 月 18 日

---

❶ 章忠信. 原住民族智慧财产权之保护 [J]. 智慧财产权，1999（12）：4 - 6.

第 C01 版"《歌手》Jessie J 宣传片认定侵权难度大"。

新闻事件

2018 年 1 月，湖南卫视《歌手》新一季首播，来自英国的歌手 Jessie J 凭借一首《Domino》一举拿下首场第一名。但在《歌手》开播前，该节目给 Jessie J 拍摄的个人宣传片被网友质疑抄袭去年 Kristen Stewart 为香奈儿拍摄的香水广告创意。自"抄袭"传闻传出后，湖南卫视方即刻在各个平台删除了该系列所有歌手的宣传片。而 Jessie J 本人也同步在海外社交平台上删除了该视频。

图 3 - 1　湖南卫视《歌手》Jessie J 的宣传片（上）和
香奈儿香水广告（下）截屏对比

记者采访：从视频内容来看，您认为《歌手》的宣传片是否已经构成对香奈儿广告的抄袭？具体从哪些细节可以判定？

回答：仅从目前的材料，不能认定《歌手》中 Jessie J 的宣传片构成对香奈儿广告的剽窃。原因在于：

第一，著作权法只保护表达，不保护思想。《歌手》宣传片与香奈儿广告均有女性突破自我的立意，这个立意本身并不受著作权法保护。

第二，从表达形式而言，《歌手》宣传片与香奈儿广告的场景均选择在白色的纱幔中，但是女性在白色纱幔中或被白色丝带所缠绕的场景并不是香奈儿广告所独创，比如好莱坞电影《珍珠港》、电影《三生三世十里桃花》等均有类似场景出现。因此，视频中故事的场景并不具有独创性。

第三，宣传片和广告视频除了画面之外还有声音，结合起来看，两部宣传片讲述的是不同的故事，展现的人物个性和情节设计也是不同的。香奈儿广告的配乐是碧昂丝的歌曲，配乐中反复吟唱的内容，配合视频中女主角的肢体动作，很好地诠释了女性不再逃避，勇敢面对的情节。Jessie J 在《歌手》宣传片中背景声音是 Jessie J 自己原声的一段独白，讲的是时间流逝，音乐永存，女主角在深深地呼吸之后，挣脱白色丝带，奔跑迎接阳光，随后舒展身体，说出"我是 Jessie J"，这是一个准备就绪，迎接新的音乐旅程的故事。因此，两者的故事情节设计和人物个性展开并不相同。

记者采访：我国《著作权法》如何界定抄袭和剽窃？

回答：剽窃是指未经著作权人授权，将他人创作的作品当作自己的作品发表的行为。剽窃是著作权侵权行为的一种。著作权法在认定剽窃或者说认定著作权侵权时，广泛采用"接触加实质性相似"标准。

对于视频广告或宣传片，接触是指被指侵权人有机会或有可能获知权利人作品，主要是通过发布或电视台、网络播放等方式。实质性相似判断大体分为两步：第一步，针对权利人作品和被指侵权人作品的相似部分，确定相似部分是否具有独创性。如果权利人作品与被指侵权作品两者相似的部分不具有独创性，则不构成侵权。如果相似部分具有独创性，则进入第二步，判断权利人作品和被诉侵权人作品是否构成实质性相似。在判断是否构成实质性相似时，首先要区分思想和表达，同时需要考虑作品的类型，以及两者之间相似的程度。

另外，受众对于两部作品之间的相似性感知和欣赏体验也是重要考虑因素。也正因如此，除非是非常明显的逐字逐句或整体性剽窃，对于部分模仿在判断是否构成剽窃或侵权时，确实会存在争议。

记者采访：如果宣传片是外包的，那是否所有责任都由外包公司承担？

回答：对于构成侵权的情况，即使视频是委托第三方摄制，作为制片方也应当承担相应的责任。但是，事后可以根据委托合同再进行追诉。通常在委托合同中，委托方都会要求受托方做出无知识产权争议或无侵权事项的声明。

记者采访：中国综艺诸多宣传片均涉嫌抄袭国外创意，但为什么几乎没有国外的公司提告？

回答：这里不仅有诉讼成本、取证难度等方面的考虑，最重要的还是创意在多大程度上可以获得著作权法保护，这才是问题的核心。对于纯粹的构思、想法或念头，不能给予著作权保护。即使创意通过具体的表达形成作品，但是如果他人的作品在表达形式上与其存在较大变化，那么在判断是否构成实质性相似时也会遇到争议。这也是此类诉讼较少发生的原因。

记者采访：您如何看待目前国内屡见不鲜的视频抄袭（国外视频）的事件？

回答：单纯依靠侵权诉讼不能解决一切问题，更为关键是形成尊重创新的文化氛围和行业自律精神。事实上，即使不能认定《歌手》中 Jessie J 的宣传片构成对香奈儿广告的剽窃，但是还是不能改变部分观众在看到 Jessie J 的《歌手》宣传片时有似曾相识的心理感受。

作为一个有意打造自身品牌的栏目，在宣传片上更应该慎重。因为，真正优质的让观众记得住的宣传片都是让人耳目一新的，创新才是根本。

二、如何对纹身图案进行保护

本书作者就纹身是否享有版权问题接受《中国知识产权报》记者侯伟采访。采访报道刊登于《中国知识产权报》2017 年 9 月 27 日第 10 版《当心纹身"纹出"版权风险！》。

新闻事件

2017 年 9 月，一家名为 Solid Oak Sketches 的纹身工作室诉 T2 及其子公司等侵犯自己的文身版权。Solid Oak 诉称，T2 开发的游戏《NBA 2K16》未经许可使用了 Solid Oak 为球员设计的八幅文身图案，并因此获利。同样的争议还曾发生在一起与著名拳击运动员迈克·泰森面部文身有关的案例当中。2011 年，泰森面部文身的创作者对华纳兄弟提起诉讼，针对的主要是其制作的电影《宿醉 2》（*Hangover Part II*），声称该影片未经许可使用了泰森面部文身，案件以庭外和解告终。

记者采访：文身能否构成作品？

回答：文身，是用带有墨汁或颜料的针刺入皮肤底层而在皮肤上刻上图案或文字。如果所刻的图案或文字在线条、色彩等方面具有独创性，并且具有审美价值，则构成美术作品，享有版权保护。这里所谓的审美价值并没有严格的标准，只要创作者把自己对美的独特理解通过视觉形式呈现出来即可。

记者采访：如果文身享有版权，有什么需要注意的？

回答：对于文身的版权保护，有两点需要注意。

第一，满足独创性标准相对困难。通常绘制的文身都属于固有或传统图案和花纹，或者在传统基础上做一些改动，还有一些图案来源于顾客自带的图片，文身师自行创作的空间相对较小，因此满足独创性标准相对困难。

第二，侵权诉讼中举证问题。在认定侵权时，通常采用"接触＋实质性相似"的判断标准，这就要求被告接触过原告作品。由于文身通常是刻在顾客身体上的，举证存在一定难度。另外，在判断是否"接触"时，原告作品的首次发表时间是一个关键点，被告作品只有是在后发表，才可能构成侵权。因此，对于具有独创性的文身图案或花纹，建议文身师进行美术作品著作权登记，从而将作品的创作完成日期和发表时间加以固定，以便日后在侵权诉讼中进行举证。

三、如何界定设计方案抄袭

本书作者就黄小厨涉嫌剽窃事件接受《新京报》记者张赫采访。采访报道刊登于《新京报》2017 年 4 月 26 日 C01 版《黄小厨 CEO：绝对没抄袭》。

新闻事件

2017 年 4 月 23 日，一篇名为《黄老师，黄小厨方案的钱我们不要了》的文章在微信朋友圈被疯狂转载，作者 A&A Communication 公关公司（以下简称 A&A 公司）指责黄磊担任品牌创始人的黄小厨新厨房生活（北京）有限公司（以下简称黄小厨）举办的 noob 市集的活动所呈现的现场，使其觉得其公司"没有中标的方案被深度'借鉴'了"，声明对方涉嫌侵犯他们的知识产权。一天后，黄磊在微博上回应虽然对创意招标细节不清楚，但不能容忍知识产权方面出问题，会调查此事。昨天，黄小厨 CEO 朱虹独家向新京报记者回应："我们绝对没有抄袭。"

图 3 - 2　A&A 公司的声明和给出的对比图

记者：从 A&A 公司的声明和给出的对比图，您认为黄小厨的公关公司是否设计抄袭 A&A 公司的设计方案？为什么？

回答：A&A 公司参加了黄小厨北京活动创意方案的竞标，因此所提供的是一份活动创意方案，包括活动入口处的大门设计、活动主场地和分场地的设计、活动现场的游戏设置、游戏规则和表演环节设计等，并不是单一的背景墙设计，因此不能仅通过对比图片和照片得出是否存在抄袭的结论。

记者：我们如何界定设计方案是抄袭还是借鉴？具体的界限在哪里？

回答：在判断是否存在抄袭时，还需要明确：

第一，黄小厨公司征集方案时所提供的背景资料和相关要求，比如是否对活动场地布置的颜色、风格和式样有具体要求。

第二，要了解业界类似活动中活动场地和活动方案的常有方案，比如是否有一些成熟的背景设计、规划方案和文案。在明确以上两点之后，再对照 A&A 公司提供的方案，才能判断 A&A 公司的方案是否具有独创性或原创性。如果黄小厨公司抄袭了 A&A 公司具有独创性的部分，则构成侵权。

记者：目前公关公司在设计方案上的知识产权，是否比较难维护？

回答：A&A 公司作为设计公司，在投标时，就需要注意保护自身的知识产权。例如，①在投标时，对所提交的方案打上公司的水印；②要求招标单位签署保密协议，承诺竞标方案处于保密状态，未经许可不得擅自使用或向外透露。

四、如何解决短视频版权侵权频发

本书作者就短视频侵权频发问题接受《中国知识产权报》记者侯伟采访。采访报道刊登于《中国知识产权报》2018年5月25日第9版《版权岂能成为短视频的"短板"?》。

新闻事件

2018年5月，在北京举行的"即视"中国网络视频版权价值榜之短视频版权价值榜颁奖礼上，资讯类短视频平台梨视频副总编辑张巍吐槽短视频盗版乱象，引起与会者的共鸣。与此同时，"微信"与"今日头条"短视频"封杀"之争越演越烈，短视频版权问题也引发行业关注。

记者采访：目前短视频行业除了面临侵权盗版问题外，是否还存在其他问题，如恶搞、用户上传的视频未经授权使用他人音乐作品等情况？如果有，您认为该如何规范这些版权问题？

回答：短视频受到大众喜爱，很重要的原因是这种碎片化的传播形式不仅适应了快节奏的现代人生活节奏，而且与互联网的即时性、互动性相呼应，特别是使用智能手机上网后，加速了短视频发展。

但是，短视频的发展过程中确实存在如下一些问题：第一，内容的合法性问题。这其中不仅包括视频内容是否得到版权人的授权许可，还包括视频内容是否存在对原作品，特别是经典作品进行歪曲、恶搞，甚至丑化的问题，还有一些视频内容是在对方不知情的情况下录制和上传。第二，内容上传的不正当竞争问题。一些短视频节目将影视节目、综艺节目的片花、预告片等加以处理后上传，断章取义，靠"标题党"吸引眼球，造成对节目合法版权人的不正当竞争，有时候也会造成观众的误解，对原作品产生负面影响。

对于上述问题，一方面要通过著作权法、反不正当竞争法等进行规范，另一方面也需要视频网站平台加大监管。对于视频内容造成侵权和违法的情况，相关机构要依法进行处理。

第四章 娱乐产业的知识产权保护

本章重点讨论娱乐产业的知识产权保护，包括：电子游戏的著作权保护；卡通形象衍生品开发中的著作权问题；字幕组的著作权侵权困扰；针对创新实践中具体问题的探讨，涉及点播影院如何解决版权问题；曲谱为何频频被抄袭；音乐抄袭为何判定难；版权跨界运营如何才能成功；国产电影发展如何以版权作保障；翻唱原创音乐作品是否构成侵权。

第一节　电子游戏的著作权保护❶

对电子游戏画面的性质认定存在较大争议，在一定程度上影响了电子游戏知识产权的保护方式。本节在介绍美国和日本电子游戏保护模式的基础上，对国内影响较大的案例进行梳理，认为不同的游戏类

---

❶　本节研究是与颜彦青合作而成，本书作者为第一作者。在此说明，并表示感谢！

型其游戏画面性质相应不同，应采取不同的保护方式。希望这一观点能对解决争议、促进行业健康发展有所裨益。

对游戏产业的著作权保护离不开对电子游戏法律性质的界定。电子游戏又被称为视频游戏，是指所有依托于电子设备平台而运行的交互游戏，包括目前常见的网络游戏和手机游戏。著作权法并未将电子游戏纳入任何一种作品类型之中，究竟是将电子游戏分割为美术作品、文字作品、计算机软件作品等，还是将其整体作为影视作品进行保护，一直存在争议。

电子游戏通常由场景、人物角色、非玩家控制角色、音乐和游戏规则等要素组成。按照内容的来源，可以将电子游戏内容分为游戏直接固定的内容和游戏运行时临时呈现的内容。对于电子游戏直接固定的部分，包括游戏软件代码、游戏资源库，可以作为计算机软件作品、美术作品和文字作品等加以保护，业界并不存在争议。目前争议较大的是，如何对电子游戏运行过程中所呈现出的动态视听内容提供著作权保护。

一、美国采用灵活方式保护

美国是游戏产业发展最早也最为发达的国家之一。起初，美国也是将电子游戏中的不同元素区分开来进行保护，1981 年美国马里兰州地区法院审理的 Atari 公司诉娱乐世界公司案最早将电子游戏作为视听作品提供版权保护。

在该案中，原告 Atari 公司于 1979 年推出一款电子游戏"爆破彗星（Asteroids）"，该游戏上市后销售额超过 1.25 亿美元。被告娱乐世界公司是一家小型公司，主要业务是维修投币式游戏机，1981 年推出一款名为"流星（Meteors）"的电子游戏。原告认为被告的游戏与自己的游戏基本相似，构成侵权。

在案件审理中，被告曾经质疑原告的电子游戏是否属于版权法保护的客体。法院确认，电子游戏符合版权法保护的要求，属于电影作品和其他视听作品（Motion Pictures and Other Audiovisual Works）。法院进一步解释，视听作品是由一系列相关图像组成，这些图像可以通过使用诸如投影仪、看片机或电子设备显示出来，有时也伴随有声音。作品载体的性质不限，可以是胶片或磁带等。

电影作品是由一系列相关图像组成的视听作品，如果连续显示，将给予运动印象，有时也伴随声音。对于被告认为原告的电子游戏记载在集成电路板上而非录影带上，不能给予版权保护的抗辩，法官认为被告的错误在于没有区分版权保护的作品和记载作品的介质或载体。尽管被告游戏是以原告游戏为基础，利用了原告的创意，但是由于两者的表达并不相同，版权法只保护表达，不保护创意本身，因此法院最终认定被告游戏与原告游戏实质上并不相似，不构成侵权。

1995 年，美国信息基础设施工作组发布的《知识产权与国家信息基础设施工作报告》中，建议把网络游戏作为视听作品加以保护。目前，美国对于电子游戏的保护非常灵活，可以作为计算机软件作品、文字作品进行保护；如果图画或图像占优势地位，则可作为视觉艺术作品（Visual Art Work）；如果连续的动态画面居多，则可作为电影作品或视听作品。

二、日本认定游戏为电影作品

日本的游戏产业相当成熟，对于电子游戏的版权保护也有一定经验，对于满足著作权法规定、具备电影作品要件的电子游戏，可以将其作为电影作品予以保护，著名的"心跳回忆"案就是一例。该案经日本大阪地方法院、大阪高等法院和最高法院审理，最终确认电子游戏可以作为电影作品进行版权保护。

该案的原告 Konami 株式会社是游戏软件"心跳回忆"的著作权人，该游戏是一款模拟恋爱的角色扮演游戏，玩家扮演男主角，通过在游戏中的操作，与不同女主角接触，培养好感度，最终以被自己喜欢的女生告白为目标。游戏软件预设了各种场景和男女主角各种可能反映的参数值。被告是一家软件分销商，销售一种游戏修改软件，能够修改游戏中的参数值，使男主角喜欢的女生向其进行告白，从而完成游戏目标。原告以被告销售修改软件的行为构成对原告著作人格权侵犯为由提起诉讼。

该案的一个重要争议点是电子游戏是否属于电影作品。1997 年，大阪法院一审认为，游戏软件在运行过程中，根据情节所产生的画面、影像应当独立于软件作为电影作品对待。1999 年，日本大阪高等法院二审认为，电影作品包括以类似电影的视觉或视听觉效果的播放方法

125

所表现，同时固定在有形载体上的作品。该案游戏软件通过播放器在屏幕上播放相应的变化影像，即使不是连续播放，使登场人物在相应场合说出相应台词，从而展开故事，因此涉案游戏软件可以被认定为电影作品。日本大阪高等法院同时认为，被告销售修改游戏参数值的软件，通过玩家行为改变游戏走向，将游戏故事拓展到著作权人原来设定的范围之外，违背了著作权人的意图，因此构成侵权。2001 年日本最高法院维持了大阪高等法院的判决。

三、游戏类型影响保护方式

随着网络游戏在我国的迅速发展，近年来针对网络游戏的纠纷也逐渐增多。上海知识产权法院在 2016 年和 2017 年终审的"DOTA 2"案和"奇迹 MU"案都引起业界广泛关注。前者是国内首例电竞直播纠纷，仅提供反不正当竞争保护；后者首次将游戏整体作为类电影作品（以类似摄制电影的方法创作的作品）提供版权保护。在网易诉华多公司侵犯"梦幻西游 2"游戏著作权案中，法院也将游戏整体画面作为类电影作品保护。2017 年 11 月 13 日，广州知识产权法院对网易诉华多公司侵犯著作权案作出一审判决，认定"梦幻西游 2"游戏画面构成类电影作品，华多公司赔偿网易 2 000 万元。

两起案件采用不同的保护方式，理由是奇迹 MU 和 DOTA 2 属于两种不同类型的游戏，奇迹 MU 是角色扮演游戏（Role-Playing Game），游戏具有一定的故事情节；而 DOTA 2 是多人联机对抗游戏，并无剧本之类的事先设计。

对于奇迹 MU 游戏，从表现形式来看，随着玩家的操作，游戏人物在游戏场景中不断展开剧情，随着玩家的操作而出现画面的连续变动。玩家操作是在游戏开发商创作的场景中，按照设定的规则展开，在这个过程中，游戏画面由游戏引擎按照既定规则调取开发商预先创作的游戏素材自动生成，玩家并未在游戏呈现的画面中增加新的内容。因此，角色扮演类游戏画面具有和电影作品相似的表现形式，享受类电影作品的版权保护。

而 DOTA 2 属于竞技类多人联机对抗游戏，开发商预先制作地图，玩家分成两队，在地图上展开竞技。DOTA 2 游戏以局为单位展开竞技，每局的时间固定，比赛没有剧本之类的事先设计，比赛画面是参加比赛的双方多位选手按照游戏规则，通过各自操作所形成的动态画面，属于竞技情况的一种客观、直观的表现，比赛过程具有随机性和不可复制性，比赛结果也具有不确定性。因此，对于没有预先设定剧情的竞技类游戏，单纯的比赛画面不构成著作权法意义上的作品，也难以其整体认定为具有和电影作品相似的表现形式，从而提供类似电影作品的保护。

第二节　卡通形象衍生品开发中的著作权问题

目前，国内卡通形象的衍生品开发尚处于起步阶段，市场空间广阔，越来越多的从业者尝试探索卡通形象衍生品的开发，与此同时，也出现了一些著作权纠纷。本节将梳理卡通形象衍生品著作权纠纷的争议焦点，分析衍生品开发取得成功的关键要素，希望对产业发展有所裨益。

2018 年春节假期，国内电影票房再创新高，大年初一单日票房超过 13 亿元人民币，其中，《捉妖记 2》首日票房突破 5.5 亿元人民币，创造我国电影史单日票房纪录。《捉妖记 2》电影大卖，主角小妖"胡巴"的卡通形象更是深受人们喜爱，制片方已与麦当劳合作，推出印烫有胡巴头像的汉堡"幸胡堡"等新春系列新品，又与康师傅、旺旺等合作，推出定制零食和饮料。

在大电影产业链里，不仅要依靠院线收入，而且要充分挖掘电影的非影院市场价值，利用电影所带来的品牌效应和趋同心理，进行电影衍生价值的后续利用，动画电影也不例外。卡通形象衍生品正是基于上述理念发展起来的，与电影相关并从影片中衍生而来的各类产品，包括影视周边产品，如海报、玩具、纪念品和电子游戏等，还包括主题公园、主题餐厅、主题旅店等旅游和服务业产品。目前，国内卡通形象的衍生品开发处于起步阶段，市场空间广阔，而解决著作权问题是关键。

一、衍生收益巨大

对国际上成熟的动画电影制作公司而言，除票房收入外，影片的收入中很重要一部分来源于卡通形象衍生品的授权收入。迪士尼、漫威漫画和梦工厂等拥有大量具有独创性的卡通形象，卡通形象衍生品的授权收入更是不容小视。以迪士尼公司为例，其2016年525亿美元总营收中，58%的收入来源于电视和电影业务，其余42%来源于卡通形象衍生品的授权收入，包括迪士尼乐园、度假村营收、消费衍生品和游戏授权收入等。

对于动画电影制作公司，其核心资产就是享有著作权的卡通形象。不少从业者也越来越意识到，影片播放的院线收入仅是实现著作权价值的一种途径，卡通形象衍生品或动画片周边产品的授权收入能够为其带来更多的收益。

以杭州大头儿子文化发展有限公司（以下简称大头儿子文化公司）与央视动画有限公司著作权纠纷案为例，大头儿子文化公司表示，作为文化创意公司，其主要产品是动画形象的衍生产品，包括玩具、书籍、游戏、舞台剧、主题公园等。若不制止央视动画公司在衍生周边产品上的使用、许可等行为，则双方的纠纷就不可能真正解决。

据报道，2015年暑期大卖的动画影片《大圣归来》，在票房超过9亿元人民币后，衍生品销售总额也突破3亿元人民币，"京东众筹"还特别推出在线衍生品设计和销售平台，满足用户对"大圣"卡通形象衍生品的个性化需求。在一些有关动画电影的案件中也可以发现，相关著作权权属及侵权纠纷的最大争议点通常也集中于卡通形象，卡通形象衍生品的授权、开发、生产和销售已成为解决纠纷的关键。

二、厘清争议焦点

在涉及卡通形象衍生品的著作权纠纷中，争议的焦点主要集中于两个方面，即卡通形象的著作权归属和著作权侵权判断。

争议焦点一：原告对所主张权利的卡通形象是否享有著作权？根据2002年《最高人民法院关于审理著作权民事纠纷案件适用法律若干问题的解释》的规定，当事人提供的涉及著作权的底稿、原件、合法出版物、著作权登记证书、认证机构出具的证明和取得权利的合同等，可以作为证据。在作品或者制品上署名的自然人、法人或者其他组织视为著作权、与著作权有关权益的权利人，但有相反证明的除外。因此，原告创作该卡通形象的底稿、发表该美术作品的出版物及音像制品、著作权登记证书、著作权许可及转让合同等均可以作为证据，证明原告对该卡通形象美术作品享有著作权。

争议焦点二：被告所实施的行为是否侵犯了原告的著作权？著作权法在认定著作权侵权时，广泛采用"接触 + 实质性相似"标准。接触，是指被指侵权人有机会或有可能获知权利人作品。针对卡通形象所涉及的作品，包括卡通漫画书籍、动画电影和电视节目、卡通形象衍生品及其广告宣传等，在认定是否构成接触时，还要考虑相关衍生品的消费群体以及原告对其进行宣传的范围和力度。

实质性相似判断大体分为两步：第一步，针对权利人作品和被指侵权人作品的相似部分，确定相似部分是否具有独创性；第二步，判

130

断权利人作品和被指侵权人作品是否构成实质性相似。针对卡通形象，首先，考察该形象的面部表情、身体姿态、肢体动作、服饰装备等是否具有其他卡通形象所不具备的特征，让公众易于辨识，具有较高的识别性。如果该卡通形象具有独创性，才可以成为著作权法意义上的作品，享有著作权。其次，考察被指侵权的卡通形象是否包含了原告作品的主要特征。有些情况下，被指侵权产品上所载有的卡通形象与原告作品相比，在细节上不完全相同，但如果这些改动之处并不能使被指侵权的卡通形象成为具有自身独创性的作品，则应该认为被指侵权的卡通形象与原告作品构成实质性相似。

三、典型侵权案例

2016 年上海美术电影制片厂有限公司（以下简称上海美影厂）与杭州玺匠文化创意股份有限公司（以下简称玺匠公司）著作权侵权纠纷是一起具有代表性的卡通形象衍生品著作权侵权案件。

该案中，上海美影厂对 Q 版孙悟空美术作品享有著作权，该卡通形象通过 2012 年上映的 3D 动画电影《大闹天宫 3D》正式对外发布，借助动画电影的传播，为公众所熟知，具有相当高的知名度。玺匠公司制造并销售的"神通广大""神通广大彩绘版""神通广大手把件"三款铜艺产品中所包含的孙悟空的形象，与 Q 版孙悟空的形象相比较，虽然两者在具体神态、姿势上有所不同，但是被指侵权的卡通形象包含原告作品具有独创性的线条和造型，两者构成实质性相似。因此，杭州市中院认定，玺匠公司未经著作权人许可，制造、销售涉案铜艺产品的行为，侵犯了上海美影厂对涉案美术作品享有的复制权和发行权。

在类似涉及卡通形象衍生品的案件中，被指侵权方常常包括生产商、经销商和零售商，涉及整个生产销售环节。代表案件有株式会社倍乐生（以下简称倍乐生）与广东泰茂食品有限公司（以下简称泰茂公司）、小桂（上海）食品有限公司（以下简称小桂公司）和敖某著作权侵权纠纷。

该案经上海市一中院和上海市高院二审，2013年9月做出终审判决，认定：第一，原告倍乐生对"巧虎"卡通形象的美术作品享有著作权；第二，被告泰茂公司（生产商）未经许可擅自将"欢乐虎"图案使用在生产、销售的产品及其包装、产品宣传册、公司网站上的行为侵犯了原告对"巧虎"卡通形象享有的复制权、发行权、信息网络传播权；被告小桂公司（经销商）和被告敖某经营的丰顺盛经营部（零售商），未经许可擅自销售含有被控侵权"欢乐虎"图案的产品，侵犯了原告对"巧虎"卡通形象享有的发行权；被告小桂公司擅自在其产品宣传册上刊登含有被控侵权图案的产品，侵犯了原告对"巧虎"卡通形象享有的复制权。

四、如何成功开发

卡通形象衍生品开发能够取得成功的一个重要因素是强调整体设

计理念，即产品的开发融入从影视作品前期策划到宣传发行的全过程。以日本动漫为例，在脚本制作、卡通形象设计的前期就开始规划后期衍生品的开发，每个卡通形象的特质对应特定的市场推广群体，以及不同的市场运作模式。动画影片的设计、制作、上映和衍生品的开发和营销整体推进，互相促进。

整体设计和运营的模式要求衍生品开发和营销过程必须连贯，对于著作权而言就意味着权利归属必须稳定，避免因为权利人频繁变更所带来的卡通形象的变化及相关市场运营策略的变动。因此，在市场运作中，相关文化创意公司通常采用著作权转让合同向影片制片方取得该卡通形象的著作权，或者采用著作权许可合同取得该卡通形象针对特定区域、特定产品的长期的独家授权。上述两种形式都可以看成是针对特定市场的排他性授权，正因为这种相对稳定的权属关系，让运营方可以在买断相关市场权益后，进行包括卡通形象衍生品二次开发在内的深度市场运营。

卡通形象衍生品开发取得成功的另一个关键因素就是对相关卡通形象著作权的保护力度。如果盗版问题得不到解决，通过合法渠道获得授权的衍生产品开发商、生产商和销售商的利润空间就会被挤压，迫使制片方压低卡通形象转让或授权的费用，最终导致整个影视衍生品行业的低质量运行。卡通形象衍生品侵权案例已经展示出法院对具有独创性的卡通形象著作权的保护原则和力度，对于未经许可的生产和销售，从生产商、经销商到零售商都将被追究著作权侵权责任。

第三节　字幕组的著作权侵权困扰❶

从我国"人人影视"字幕组被关停，到日本逮捕"字幕组"成员，字幕组的著作权问题已引发多国关注。本节在梳理美国、日本字幕组引发的版权争议基础上，对字幕组行为的性质进行分析，并从转变工作模式和翻译内容两方面，对字幕组规避侵权风险提出建议，希望能对引导国内字幕组合法发展有所裨益。

2018 年，日本警方以涉嫌违反著作权法为由，逮捕了 5 名中国留学生。这 5 名留学生均是通过网络被募集的字幕组成员，负责将日本漫画、游戏等内容翻译成中文，并上传至中国网站。这并非日本首次针对字幕组采取的执法行动，2016 年日本京都警察厅以涉嫌非法传播动漫作品为由，逮捕了我国知名日漫字幕组"澄空学园"的一名成员。此次事件再次引起大众对字幕组相关著作权问题的关注。

影视作品字幕组，主要是指将没有字幕或仅有外文字幕的国外影视剧作品配上本国文字字幕的民间自发组织。从诞生之日起，字幕组就一直处于"灰色地带"，也已经成为一个全球性的网络著作权问题。一方面，字幕组以传播文化为理念，通常没有直接营利目的，其成员多为不拿薪水的翻译爱好者，一定程度上得到公众的包容；另一方面，

❶　本节研究是与颜彦青合作而成，本书作者为第一作者。在此说明，并表示感谢！

字幕组的翻译和传播行为大多没有获得影视作品著作权人的授权，存在侵权之嫌。基于此，2014 年年底，国内影视字幕网站"人人影视"和"射手网"被关停。

一、国外字幕组的相关争议

美国版权法将翻译作品纳入演绎作品之列，规定版权人享有对其作品的翻译权，因此字幕组翻译并在网络上传字幕的行为需要得到版权人的授权。同时，美国版权法对与作品翻译权相关的合理使用限定在为学术研究、课堂教学或批判探讨而进行的复制、录音或其他相关手段。判断标准包括作品的使用目的属于商业性还是教学性；使用的实质内容与数量在原作中所占的比例；使用后对原作的潜在市场价值是否存在影响。据此对字幕组的翻译和传播行为进行分析，就会发现，虽然字幕组的行为经常是非营利性的，但是其将所翻译的字幕上传至网络并非为研究或教学目的，同时对于相关影视作品的市场价值存在负面影响。因此，字幕组的行为并不能适用合理使用制度。

美国影视业对字幕组的在线分享行为一直态度暧昧，但是随着字幕组影响力的扩大，字幕组开始对制片公司的商业利益产生威胁。从 2014 年起，美国影视制片公司开始针对字幕组未经授权进行翻译和传播字幕的行为提起诉讼。2014 年 7 月，20 世纪福克斯与华纳兄弟等联合起诉自 2011 年开始非法译制并传播其名下影视作品字幕的 15 名韩国人，使被告每人面临 5 年监禁或 30 万元人民币罚款。这是美国影视业针对字幕组的首次诉讼。2014 年 11 月，美国电影协会发布的《全球音像盗版调查报告》中将"人人影视"列入盗版下载网站"黑名单"，这也直接导致"人人影视"被勒令关停。

日本著作权法规定，影视作品的著作权人享有翻译权，同时将合理使用仅限定于私人目的的复制，在个人、家庭或其他类似有限范围之外的使用一律被排除在合理使用之外，均被认定为侵犯著作权的行为。据此，在日本，某些特定共同体因共有兴趣而翻译并在共同体内分享字幕的行为可以被纳入合理使用，但是一旦将这些翻译的字幕向不特定公众进行传播，如上传至互联网，则超出了合理使用的范畴。日本对侵犯著作权的处罚力度一直非常大，针对非法向互联网上传受版权保护的音乐和影像的行为，个人最高量刑为 10 年以下刑罚或 1 000 万日元以下罚款，或并罚。2012 年日本修订著作权法后，从网络下载未经授权的音乐和影像文件，也可能面临 2 年以下刑罚或 200 万日元以下的罚款。

作为动漫大国，日本一直将著作权保护视为创意产业发展的基础，相关权利人不断就字幕组的翻译和传播行为向各国政府提出抗议并采取行动。2016 年 9 月，日本京都警察厅以涉嫌非法传播动漫作品为由逮捕了两名中国籍男子，其中一名是"澄空学园"的成员，这次逮捕行动也是日本首次针对影视作品字幕组采取的执法行动。

二、国内字幕组的侵权分析

根据《侵权责任法》和最高人民法院 2013 年起施行的《最高人民

法院关于审理侵害信息网络传播权民事纠纷案件适用法律若干问题的规定》，对于字幕组上传所翻译字幕的行为，在侵权责任判定时应适用过错责任原则。以下从违法行为、损害事实、因果关系和主观过错四个方面，对字幕组行为的侵权认定进行分析。

第一，是否存在违法行为？根据《著作权法》第四十七条和第四十八条规定，字幕组未经许可，对他人享有著作权的影视作品进行翻译，并通过网络向公众传播字幕的行为，属于著作权直接侵权行为，该行为具有违法性。另外，字幕组也存在间接侵权的可能，因为字幕组的翻译会帮助盗版商获得外文影视片的中文字幕及相关片源。如果字幕组与盗版商达成共识，则构成共同侵权。对于盗版商擅自使用字幕组翻译的行为，必须考察字幕组主观上是否明知，只有在明知他人行为将构成著作权侵权的情况下，实质性地帮助他人从事侵权行为，才构成间接侵权。

第二，是否存在损害事实？字幕组行为给影视作品著作权人造成的损害主要是对权利人作品市场价值的负面影响。计算侵权损害最直接的方式是统计权利人的损失或字幕组的获利。尽管大部分外文影片在字幕组翻译时尚未在国内正式上映，但是由于字幕组的行为导致盗版影片的受众增加，同时对权利人作品正式引进和上映后的票房或收视率造成不利影响，也就是说，会降低权利人作品的潜在市场价值。

针对字幕组所获收益，虽然大部分字幕组翻译与传播字幕的行为是非营利的，但是字幕组网站由此获得了巨大的点击量，也因此吸引了广告赞助商，广告费通常会远远超出字幕组运营的正常开支。例如，

2014 年关停的"人人影视"网站曾经在其首页发布的滚动与弹出广告页面中，宣传其与某公司合作推出的专属硬盘，并宣称附赠双语字幕的 4000 部国外电影和 2 万集美剧。

第三，违法行为和损害后果之间是否存在因果关系？根据上述分析可以发现，字幕组的翻译和传播行为将导致外文影视作品的盗版受众增加，进而对权利人作品潜在的市场价值造成不利影响，两者之间存在因果关系。

第四，字幕组是否存在主观过错？从字幕组的表现可以发现，存在明知侵权的前提下仍然实施侵权行为，即构成主观上的"明知"。字幕组在其翻译字幕的开头总会发布一段免责声明，例如"本作品片源、字幕均来自互联网，仅供个人欣赏、学习之用""任何组织或个人不得公开传播或用于任何商业盈利用途，否则一切后果自行承担""请自觉于下载后 24h 内删除，如果喜欢本片，请购买正版"等。由此可以看出，字幕组知道其所翻译的作品是受著作权法保护的作品，并且清楚其未经授权的翻译和传播行为属于侵权行为。

通过上述分析可见，字幕组未经著作权人授权对外文影视剧进行翻译并通过网络传播字幕的行为，构成对原作翻译权和信息网络传播权的侵犯。

三、发展字幕组的两条路径

值得注意的是，与一般侵权行为不同，尽管著作权保护意识日益增强，字幕组的侵权行为在某种程度上更容易获得公众的包容。究其原因，主要有三点：第一，受影视审批程序及国内公开上映的配额限制，国外影视作品通常很难做到国内外同步上映，而字幕组"当日达""隔日达"的快速翻译满足了国内观众的需求；第二，对于普通观众而言，字幕组的翻译和传播行为是完全免费的，社群或论坛的分享模式让字幕组行为的商业目的进一步弱化；第三，字幕组行为由来已久，国外影视作品早期无法通过正版渠道获取，著作权人对字幕组的翻译和传播采取容忍、甚至听之任之的态度。近年来随着视频网站的兴起，越来越多的影视剧通过合法渠道获得授权，字幕组的行为构成对正版引入影视作品的竞争关系，对权利人作品的市场价值造成负面影响，此时权利人才急于拿起著作权法进行维权。

如何摆脱侵权指控的困扰，是字幕组发展必须首先解决的问题，可以考虑以下两条路径。

第一，转变工作模式，从自主传播到获取授权。青年观众群体对于海外影视作品的需求意味着巨大的商业市场，目前越来越多的海外影视作品被视频网站合法引进到国内。搜狐视频、腾讯视频、土豆网均引进了正版海外影视剧和动漫作品，同时建立付费 VIP 观影模式，增加了国内观众的获取渠道和选择范围。这些视频网站引进海外影视作品就需要进行翻译，网站自身翻译的质量又常常遭到网友的诟病，如果字幕组转变工作模式，与授权网站展开合作，从自主传播转向获取授权后翻译，那么既能帮助视频网站提高翻译质量，也能解决自身片源合法化的问题。

这方面的合作目前已经展开。2007 年前后，中国台湾地区字幕社也曾在"灰色地带"蓬勃发展，之后随着正版影视作品的引进，台湾地区的字幕社逐渐与当地海外影视作品的代理商展开合作，实现商业转型。我国大陆也开始借鉴这种模式。2016 年爱奇艺引进的韩剧《太阳的后裔》就是与"凤凰天使"字幕组合作。由此可见，海外影视剧市场逐渐规范之后，同样给字幕组提供了新的发展契机。

第二，转变翻译内容，加入知识共享和大规模开放的在线课程（MOOC）。从最初的开源软件，到 Copyleft 思潮以及知识共享（Creatire Commons，简称 CC 协议），对网络环境知识产权共享模式的探索一直没有停止，近年来 MOOC 为字幕组的发展提供了新的选择。20 世纪 90 年代，麻省理工学院（Massachusetts Institute of Technology，MIT）开始在网络上发布公开课，由于语言原因传播量始终不大。之后，MIT 加入知识共享，并在互联网上招募翻译志愿者。MIT 的运作模式被全球诸多高校和机构所认同，2005 年开放课件联盟（Open Coursa Ware Consortimm，OCWC）首次会议在 MIT 举行，目前有超过 20 种语言环境的 1.4 万门课程。在这些课程的中文翻译计划中，YYeTs 人人影视字幕组、TLF 字幕组、oCourse 字幕组等自发展开了对课程内容的翻译。其中，YYeTs 人人影视字幕组翻译了哈佛大学桑德尔教授的"公正"等 30 多门课程。对国外公开课视频进行字幕翻译是字幕组翻译内容的一次重要转变。首先，公开课解决了翻译授权问题；其次，字幕组成员普遍具有较高的专业素养，对知识与文化的传播很有兴趣，对于国外课程的翻译可以说是人尽其才，这也为字幕组发展提供了新的选择方向。

第四节　创新实践问题的探讨

一、点播影院如何解决版权问题

本书作者就点播影院侵权问题接受《中国知识产权报》记者侯伟采访。采访报道刊登于《中国知识产权报》2017 年 9 月 13 日第 8 版《点播影院"点"出版权纠纷》。

新闻事件

2017 年 9 月，北京市石景山区人民法院审结了北京首例涉及点播影院侵害作品信息网络传播权纠纷系列案件，法院一审判决认定被告暴风集团股份有限公司、北京暴风新影科技有限公司、北京私影科技有限公司在未经授权的情况下，通过其共同经营的 BFC 超感影音体验中心局域网络向社会公众提供《北京遇上西雅图之不二情书》《微微一笑很倾城》《西游记之孙悟空三打白骨精》三部电影，三起案件需赔偿原告北京爱奇艺科技有限公司共计 52 万余元。

记者采访：如何看待当下点播影院发展的市场现状？

回答：点播影院的兴起反映了消费市场的细化，商家抓住这个契机带来多元化的服务，这种差异化发展的经营理念带来了经营模式的创新，是非常值得鼓励的。

必须注意的是，对于点播影院而言，个性化服务虽然很重要，但是内容才是根本，必须重视内容来源是否合法。因此，必须首先解决片源问题，所播放影音作品必须得到授权，否则就会陷入侵权诉讼的泥潭。任何行业的良性发展必须遵守法律法规，如果行业利润是建立在侵权基础之上，这种繁荣只是假象，不可能持续。如果点播影院希望可持续发展，必须解决内容来源问题，需要和影音制作者或其授权方达成授权协议，这才是一个双赢的选择。

记者采访：点播影院虽然侵权事件多发，但诉诸法院的却并不多，您认为是什么原因？

回答：侵权事件频发，但是诉诸法院的情况并不多见，根本原因有两个：

第一，取证困难，取证成本高。点播影院的一个特点就是小范围、私密性，对于权利人，这恰好导致了信息来源困难、取证费用更高。

第二，侵权赔偿额有限，很难抵消为诉讼所支付的费用。在单个侵权赔偿案件中，侵权赔偿额有限，例如上述案件中三部影片共赔偿52万元，对于权利人，赔偿金额常常难以抵消取证成本和诉讼成本，因此权利人提起诉讼的意愿会受到影响。

记者采访：如何规制点播影院版权侵权？

回答：规制点播影院侵权问题，我认为应主要从以下两个方面入手。

第一，在侵权案件中，权利人为制止侵权行为所支付的合理开支需要在赔偿额之外另行计算。也就是说，要让侵权人无利可图，同时承担权利人维权成本,这样就提高了侵权成本。

第二,点播影院经营者要主动与影音作品的权利人联系,取得授权许可。国家版权局在"剑网行动"中特别指出,要重点查处通过点播影院等平台进行的侵权盗版行为,因此点播影院不能有侥幸心理,取得合法授权才是整个行业良性发展的关键。

二、曲谱为何频频被指抄袭

本书作者就曲谱抄袭问题接受《中国知识产权报》记者侯伟采访。采访报道刊登于《中国知识产权报》2017 年 9 月 1 日第 9 版《旋律相同是否就是曲谱抄袭?》。

新闻事件

2017 年 8 月,TFBoys《青春修炼手册》作曲人刘佳被指抄袭,其为酷狗音乐旗下 SING 女团写的新歌《123 木头人》,抄袭了曾经风靡一时的徐良的《客官不可以》,两首歌的主旋律几乎相同。在此之前,也有很多因曲谱引发的版权纠纷,有的甚至对簿公堂,如 2005 年,《送同志哥上北京》的作者王庸因认为歌曲《十送红军》抄袭了《送同志哥上北京》中的部分曲谱,一纸诉讼将《十送红军》曲作者诉至法院。

记者采访:如何看待曲谱抄袭频发?

回答:对待曲谱抄袭现象,我认为需要从以下三个方面来理解。

第一，繁荣市场背后的原创危机。随着互联网和移动互联网的普及，网络歌曲、网络小说也逐渐兴起。一方面，传播的作品数量空前巨大；另一方面，作品之间的雷同现象日益增多。快餐文化消费导致创作者很难花时间打磨原创作品。

第二，保护原创，强化著作权意识。只有真正让创作者因为自己的作品获得应有的声誉和收益，才能鼓励原创作品的创作。因此，要形成保护原创音乐的环境，传播、表演、改编原创音乐作品要依法获得授权和付费。

第三，尊重音乐创作规律，宽容对待模仿。音乐创作和所有创作性活动一样有其独特的规律，存在反复听到或大量重复后，在进行创作时情不自禁将他人作品中的曲调脱口而出，而没有意识到抄袭他人作品的可能，也即无意识抄袭，或潜意识抄袭。因此，如果两首歌曲出现曲调雷同，不一定就是在后者有意抄袭已有作品，特别是那些年代久远、传播广泛的老歌。但是，无意识抄袭不宜作为侵权抗辩事由，以免被滥用。同时，音乐曲库电子化，旋律提取和检索技术日益完备，音乐创作人有更多手段来将自己创作的旋律与曲库已有旋律进行对比，以避免侵权。

记者采访：《著作权法》如何认定曲谱抄袭？

回答：《著作权法》如何认定曲谱抄袭或者如何认定著作权侵权，目前广泛采用"接触＋实质性相似"标准，侵权判断需要考虑曲谱的特点。

"接触"判断：对于曲谱（或音乐作品），接触是指被指侵权人有机会或有可能获知权利人作品，如权利人的作品通过发表、广播、表演等方式公开；也可能权利人的作品尚未公开，但是通过投稿或参加比赛等方式被特定群体获悉，如被指侵权人因为担任评委、任职唱片公司或其他原因，得以接触到该作品。上述情况都可以被认定为接触成立。

"实质性相似"判断：大体分为以下两步。

第一步，针对权利人作品和被指侵权人作品的相似部分，确定相似部分是否具有独创性。曲谱的独创性主要表现在旋律上。独创性要求作者独立创作完成，要特别注意将作品与民歌、传统戏曲、曲艺和他人已过著作权保护期的音乐作品等进行比较，避免将公有领域作品据为己有。如果权利人作品与被指侵权作品两者相似的部分不具有独创性，则不构成侵权。如果相似部分具有独创性，则进入第二步是否实质性相似的判断。

第二步，判断权利人作品和被诉侵权人作品是否构成实质性相似。通常认为当被指侵权作品与权利人作品有八个小节雷同或者整首音乐伴奏中主和弦部分基本相同、属和弦有60%的相似，则构成实质性相似，即构成侵权。有些情况下，即使相似部分没有达到八个小节，或者在被诉侵权人的作品中所占比例不大，但是足以使听者感知来源于特定作品时，也可以被认定为构成实质性相似，即构成侵权。但是，这种感知判断就牵涉判断主体的选择，是由音乐专业人士还是由普通听众加以判断。

判断主体的选择，对于判定是否构成侵权有决定性作用。国内相关案件审理中，法官通常借助音乐专家或音乐著作权协会出具的专家意见进行判断。美国法院则通常有两种模式：一种为普通听众判断模式；一种为专家意见加普通听众判断模式。

关于曲谱抄袭，还需要注意如何规范使用公有领域作品。对于公有领域作品，创作者可以在作品中使用其中的旋律，但是这部分内容不具有独创性，他人同样可以不经许可使用。另外，如果对收集来的民歌进行改编、整理，作为演绎作者，可以享有演绎作品的著作权。比如王洛宾对新疆民歌的整理，作为民歌的演绎作者享有相应的权利。在发表或表演此类改编、整理的作品时，最好注明曲调的来源。例如，在《乌苏里船歌》案中，法院就要求音乐作品演绎人在使用音乐作品时，应客观地注明该歌曲曲调源于赫哲族传统民间曲调。

三、音乐抄袭为何判定难

本书作者就歌曲抄袭问题接受《新京报》记者杨畅采访。采访报道刊登于《新京报》2017 年 6 月 23 日 C12—C13 版《歌曲涉嫌"抄袭"再引网络大讨论》。

新闻事件

在音乐领域，几乎每隔一段时间，就会有一些旋律相似的歌曲被网友深扒比对。前不久，就有人在网上放出数十首涉嫌抄袭的华语歌曲旋律片段，进而引发又一波对于作品本身是否具有"重大抄袭嫌疑"

的网络讨论。对于创作者而言，"抄袭"可谓一个严重的指控。不过，与网上讨论的被指控涉嫌抄袭的歌曲相比，法院真正判决构成抄袭的歌曲，实在少之又少。为此，《新京报》记者独家专访了几组音乐人、知识产权研究者来一探究竟。

记者采访：其实抄袭的话题在乐坛中并不新鲜，但在法律判定方面总是存在争议。您认为"音乐抄袭"合适的界定方式是什么？判断音乐抄袭的法律难点通常在哪里？

回答："音乐抄袭"或音乐作品的侵权判断需要考虑音乐作品的特点。著作权侵权认定目前广泛采用"接触＋实质性相似"标准。对于音乐作品，接触是指被诉侵权人有机会或有可能获知权利人作品，如权利人的作品通过发表、广播、表演等方式公开；也可能权利人的作品尚未公开，但是通过投稿或参加比赛等方式被特定群体获悉，如被诉侵权人因为担任评委、任职唱片公司或其他原因，得以接触到该作品。上述两种情况都可以被认定为接触成立。

判断实质性相似，大体分为以下两步：第一步，针对权利人作品和被诉侵权人作品的相似部分，确定相似部分是否具有独创性。第二步，判断权利人作品和被诉侵权人作品是否构成实质性相似。因此，判断主体的选择，对于判定是否构成侵权有决定性作用。这也是判断音乐作品是否构成侵权的难点所在。

记者采访：有相关材料表明，"无意识抄袭"（潜忆抄袭）被许多创作者作为抗辩事由。为什么中国的法律却不承认其合理性？

回答：无意识抄袭（潜忆抄袭）不宜作为侵权抗辩事由。

无意识抄袭（潜忆抄袭）被一些被诉侵权的创作者作为侵权抗辩事由提出，认为是在情不自禁的情况下曲调脱口而出，没有意识到抄袭了他人作品。在美国，无意识抄袭可以作为侵权抗辩理由，但是使用受到一定的限制，即所谓"潜忆"仅适用于那些年代久远的歌曲。

目前国内无意识抄袭不能作为侵权抗辩事由，未来也不宜作为侵权抗辩事由。认为无意识抄袭不构成侵权的一个重要理由是，创作者认为由于平时听的歌曲太多，在进行创作时曲调自动流淌出来，出处无从查找，即使是抄袭了他人的作品也不知情。

在纸张保存曲谱的年代，查找出处非常困难。但是，随着信息技术和大数据挖掘技术的发展，音乐曲库电子化，旋律提取和检索技术日益完备，将创作的旋律与已有曲库音乐旋律进行对比会变得日益便捷。一个审慎的音乐创作人，一旦对自己创作的旋律产生某种似曾相似的感觉时，应该主动进行检索和对比，而不是以无意识作为抗辩理由。因此，随着技术的发展，无意识抄袭更不宜作为侵权抗辩事由。

四、版权跨界运营如何才能成功

本书作者就"开心麻花"话剧改编电影的版权问题接受《中国知识产权报》记者侯伟采访。采访报道刊登于《中国知识产权报》2017 年 10 月 13 日第 11 版《〈羞羞的铁拳〉靠什么"打出"傲人成绩？》。

新闻事件

2017 年 9 月 30 日上映的"开心麻花"电影《羞羞的铁拳》表现不俗，口碑和票房实现了双丰收，豆瓣评分 7.4 分，9 天累计 14.65 亿票房，成为国庆档的票房冠军。《羞羞的铁拳》系开心麻花改编的第三部电影，前两部电影《夏洛特烦恼》《驴得水》也均取得了不俗的成绩。

记者采访：版权跨界运营，从舞台剧到影视的改编，这两类作品本身以及受众都是有区别的，如何选择作品？如何改编？

回答：将舞台剧改编成电影，作品的受众和表现形式不同，我认为需要面对两个重要问题：第一，舞台剧剧本的改编权问题；第二，电影对舞台剧内容的忠实度问题。

舞台剧剧本的改编权，是指为了满足电影拍摄的需求，对舞台剧剧本进行再创作，在表现形式上进行创新，创作出电影剧本，进而拍摄电影作品。改编权可以由原作者本人行使，也可以授权他人行使。授权他人又有两种途径：一是将改编权转让出去，即将改编权转移给受让方；二是通过授权许可合同允许他人在一定的期限和地域内享有改编作品的权利。为了避免法律纠纷和市场分割，剧本改编权的授权许可通常情况下采用独家授权方式，即在约定的条件下，原作者本人不能行使改编权，也不能再授权他人行使改编权，以此来保证独家许可方的市场利益。

电影对舞台剧内容的忠实度涉及保护作品完整权。舞台剧搬上大屏幕，舞台剧的观众都会不自觉地将电影与舞台剧进行对比，不希望重要人物设定和剧情进展出现大幅度改变。但是，事实上为了电影拍摄和审查的需要，通常都会对舞台剧内容做出改动。《著作权法实施条例》中明确规定，著作权人许可他人将其作品摄制成电影作品，视为已同意对其作品进行必要的改动，但是这种改动不得歪曲篡改原作品。所以，舞台剧改编成电影可以做适当的改动，但是不得损害和影响原作品的完整性，不得歪曲原作品，导致损害原作者或原作品的声誉。因此，在舞台剧改编电影的授权合同中，可以增加不得侵害作者保护作品完整权的约定。

记者采访：能不能对开心麻花操盘的三部作品做个比较分析，看看哪些成功经验是可以复制的？

回答：《羞羞的铁拳》《夏洛特烦恼》和《驴得水》三部作品均是首先在舞台剧领域获得认可，再改编为电影上映，改编后的三部电影均在取得不俗票房的同时收获观众口碑。总结三部作品成功的原因，我认为有以下三点重要原因。

第一，电影制作团队沿用了原有舞台剧的创作班底，不仅解决了改编权授权问题，也保证了对原有舞台剧内核的尊重，让经过舞台历练的故事精髓得以忠实再现。第二，电影制作中对原有舞台剧的表现形式、人物设定和剧情进展加以改动和完善，不拘泥于原有舞台剧内容，而是尊重电影作品的特性。第三，原有舞台剧的观众群和良好口碑成为电影上映后的业绩基础，同时"开心麻花"的品牌效应对电影的成功也有重要作用。

总结起来，我认为，成功的版权跨界运营要解决好三个方面问题：第一，取得合适条件的版权授权；第二，尊重不同作品形式的表达特点；第三，充分利用原有作品的品牌效应。

五、国产电影发展如何以版权作保障

本书作者就 2018 年春节期间国产电影票房创新高接受《中国知识产权报》记者侯伟采访。采访报道刊登于《中国知识产权报》2018 年 3 月 2 日第 9 版《国产电影：市场角逐还要靠质量取胜》。

新闻事件

截至 2018 年 2 月 21 日（大年初六），春节档总票房突破 56 亿元，与 2017 年同期的 33.4 亿元相比，增长近 70%。其中，《唐人街探案 2》以 18.92 亿元票房夺冠，《捉妖记 2》和《红海行动》分别以 16.98 亿元和 11.94 亿元位列第二和第三。

记者采访：在春节档正式开始之前，《捉妖记 2》进行了广泛宣传，比如其在央视春晚前 60 秒的广告就花费超过 5 000 万元。不过，《捉妖记 2》从大年初三开始就被《唐人街探案 2》反超，口碑和票房也逐渐落后，最终与春节档票房冠军失之交臂。您认为原因何在？

回答：《捉妖记 2》被《唐人街探案 2》超越，丢失票房冠军，从一个侧面证明了国产电影的竞争已经从宣传竞争转向口碑竞争，换句话说，就是内容竞争。电影产业本质上是内容产业，《捉妖记 2》除了存在剧情过于单调的问题外，还可能存在以下两方面的问题。

第一，《捉妖记2》的市场定位和影片内容不相称。《捉妖记2》主打家庭片市场，市场定位范围广，既包括成年人也包括儿童。但是，从电影的内容来看，对于成人，影片内容过于低龄化；对于儿童，影片中部分镜头和玩笑又过于成人化。最终就会导致随着电影的放映，口碑下降，观众减少。

第二，《捉妖记2》中角色个性与演员自身的特质之间严重偏离。《捉妖记2》中新增加两位超人气明星梁朝伟和李宇春，但是，这两位自身特质非常明显的演员却扮演了与自身特质严重偏离的角色。这种反其道行之的策略并不适合商业片，演员缺乏角色塑造空间，同时又丧失了原有特质的号召力。

记者采访：《唐人街探案2》和《红海行动》在今年春节档的电影评分中位于前两名，您认为两部影片取得成功的原因何在？关于国产电影，您还有什么需要补充的？

*回答：*在某种程度上，《唐人街探案2》和《红海行动》的成功也是类型片的成功。《唐人街探案2》属于喜剧悬疑片或喜剧侦探片类型，《红海行动》属于战争片类型，这两种类型的影片正是目前国内电影市场所缺乏的，加之良好的剧本和制作，获得成功理所当然。这也反映国产电影的未来发展还有很大的潜力。

春节档电影票房猛增，不仅是节日市场消费力的爆发，更反映了国产电影品质的提升。电影产业的可持续发展，解决好版权问题是关键。一方面，优秀的电影依赖于一个好的原创故事以及精心打磨的剧本，涉及故事或小说的原作者、编剧、电影制片人之间针对版权的权利分配和利益分享。另一方面，越是优质影片越容易成为盗版的对象，网络侵权更加难以杜绝，这就要求视频网站对于近期热播的电影提高注意义务，以免构成共同侵权。

六、翻唱原创音乐作品是否构成侵权

本书作者就李志诉《明日之子》未经授权翻唱歌曲侵权案接受《新京报》记者杨畅采访，采访报道刊登于《新京报》2018 年 7 月 16 日第 C04 版《李志诉〈明日之子〉，索赔 300 万元多吗?》。

新闻事件

2018 年 1 月，哇唧唧哇公司旗下歌手毛不易在巡回演唱会洛阳站翻唱了李志的歌曲《关于郑州的记忆》，翻唱前未联系李志方授权。2018 年 6 月，在腾讯与哇唧唧哇出品的节目《明日之子》第二季中，一位选手翻唱了李志的歌曲《天空之城》，同样未取得授权。基于以上，李志方在与哇唧唧哇协商未妥后，2018 年 7 月，李志方决定诉至法院维权，提出向哇唧唧哇公司索赔 200 万元、向腾讯索赔 100 万元的要求。

记者采访：按照法律的要求，一档音乐真人秀节目应当怎样提前取得音乐授权? 一个合法的授权流程应该是怎样的?

回答：对于音乐真人秀节目，翻唱歌曲必须以获得著作权人的合法授权为前提。也就是说，应该在使用音乐作品前，提出授权申请并获得授权许可。对于已经加入中国音乐著作权协会（以下简称音著协）

的音乐人，可以通过联系音著协获得授权；对于没有加入音著协的音乐人，需要直接联系作者本人或其所属的唱片公司来获得相关的授权。

目前音著协和大部分唱片公司及独立音乐人及其经纪人都已经形成了成熟的授权许可流程。使用者首先提出使用申请，提交使用作品的清单，说明使用方式，音著协及其他权利人对作品情况进行核查，根据相关使用方式、使用范围等情况进行费用核算，再由使用者缴纳许可费。

记者采访：在这次事件中，哇唧唧哇与腾讯具体侵犯了音乐人李志的哪些权利？

回答：音乐作品的词曲作者对其作品依法享有权利，包括：音乐作品的表演权、复制权、广播权、信息网络传播权、改编权等财产权利，以及署名权、保护作品完整权等精神权利。

具体侵犯了哪些权利需要针对案情具体分析。未经授权进行商业演出，包括现场表演或者录制成节目播放，则侵犯了词曲作者对音乐作品的表演权；如果演唱会或者真人音乐秀的视频在电视上播出或网络上传播，则又侵犯了复制权、广播权及信息网络传播权。

未经授权对音乐作品进行改编，则侵犯了音乐作品的改编权；如果对音乐作品的翻唱存在歪曲、篡改，导致原作者的名誉或声望受损，则还侵犯了音乐作品的保护作品完整权。如果对音乐作品的使用没有署名，则侵犯了署名权。

记者采访：李志的经纪人称，当今存在侵权成本比较低的现象，官司就算打赢，音乐人得到的赔偿金额也比较少。那么，您认为目前法律的惩罚机制中，是否存在不合理之处？您认为李志方提出的 300 万元赔偿金额是否合理？

回答：侵权成本低是音乐领域侵权高发的一个原因。由于侵权赔偿金额低，使用者在使用音乐作品之前怠于完成授权程序，有些甚至是故意回避授权程序，这样就导致音乐领域未经授权使用的情况屡禁不绝。

要提高侵权赔偿需要从两个方面努力：一方面，法院要提高知识产权侵权赔偿标准，这也正是目前知识产权司法改革的重要目标；另一方面，在相关侵权诉讼中，权利人方面需要提交完备的证据，以便法院根据这些证据进行赔偿认定。这方面努力也是个案中权利人可以完成的。

根据《著作权法》规定，侵犯著作权及相关权利的，赔偿金额一般按照因侵权导致权利人的实际损失认定。如果实际损失难以计算，则按照侵权人的违法所得认定。赔偿数额中还应包括权利人为制止侵权所支付的合理开支。

在音乐作品翻唱的侵权案件中，权利人在提出侵权赔偿金额时，必须能够证明所要求赔偿金额的合理性。也就是说，权利人需要证明因对方侵权导致自身的损失，或者证明对方因此而获得的违法所得，包括演唱会门票收入、相关节目在电视台播出时的广告费用、视频下载收费情况等。另外，授权费用也可以作为侵权赔偿额的参考。即，如果使用者按照相关程序获得授权，根据其使用情况需要支付的授权许可费用作为侵权赔偿额的参考。同时，权利人在维权过程中也需要注意保存证据，以便法院支持其提出的相关合理开支的赔偿请求。

记者采访：您能否从法律角度简单评价一下这次李志诉哇唧唧哇与腾讯的事件？

回答：尊重原创才能确保音乐市场的良性发展。尊重原创的根本就是授权＋付费，即在使用原创作品前获得授权并支付相应的许可费用。法律的作用就是确保在未经授权而使用的情况下，权利人的利益得到保障。

第五章　专利领域的新问题

本章重点讨论专利领域的新问题，包括：针对绿色技术的绿色专利制度构建；技术标准中的必要专利问题；印度药品专利制度如何应对国际环境变化；针对创新实践中具体问题的探讨，涉及世界各国如何理解专利质量；家电行业如何从渠道竞争转向创新竞争；如何应对专利非实施实体（Non‑Practicing Enticies，NPE）的海外诉讼；如何保障专利药品公平使用；如何以最接近现有技术为起点判断发明的创造性。

第一节　从绿色技术到绿色专利

绿色技术的创新与推广将是应对气候变化的关键。建立一套平衡的知识产权制度对帮助开发减缓气候变化的技术方案将做出积极的贡献。

气候变化向世界各国提出了一项集体挑战，所有国家，无论贫富，都受到气候变化的影响。国际社会也认识到应对气候变化的复杂性，为了应对气候变化的挑战，2009 年世界知识产权组织将"世界知识产权日"的重点确定为提倡绿色创新，强调建立一套平衡的知识产权制度，对帮助开发减缓气候变化的技术方案将做出积极的贡献。

一、气候变化背景下的技术创新与知识产权制度

《联合国气候变化框架公约》及《京都议定书》建立了全球应对气候变化的机制，创建了全球碳市场，为未来的减缓努力奠定了基础。但是，要达到将二氧化碳净排放量维持在低稳定水平的目标，必须及早投资，大幅度迅速推广先进的低排放技术并实现其商业化。

技术创新对于全球应对气候变化挑战的努力具有中心意义。技术创新能够创造出社会和经济效益，并能以最佳方式应用于国际社会共同面临的全球挑战。而知识产权制度对技术创新具有激励作用、推动作用和保障作用，是技术成果商业化的制度保障；技术创新反之又会扩展知识产权的保护范围，促进新的权利类型的产生，并能够推动保护标准的国际化。

在为气候变化相关问题寻求解决方案的过程中，知识产权应当成为催化剂，而不是障碍。知识产权制度在为广泛推广和转让减缓气候变化的技术，尤其是向发展中国家和最不发达国家推广和转让这些技术，以寻求全球解决方案的工作中发挥关键作用。然而知识产权制度

也会导致技术垄断，产生过高的技术交易成本，成为市场准入障碍，并对后续技术创新产生威胁和干涉。

在理论界和政治界一直存在这样的辩论，即知识产权，特别是专利的保护，是妨碍还是促进了技术向发展中国家转让。政府间气候变化专门委员会的第四次评估报告强调，大量的减排技术已经或即将被商业化。近年来，包括发展中国家在内，全球范围内对这些技术的专利申请注册量一直居高不下，这其中一个最广为接受的解释是知识产权制度，特别是专利制度的目标是鼓励创新，专利制度确保了创新通过利用发明的商业开发收回研发成本并在一定时期内取得垄断收益。然而，专利保护越强，竞争者从该专利权包含的信息中获得的利益就越少，因为他们能够从中利用的可能性越小。他们在对该专利进行周边发明时将面临更大的困难与更高的成本，在侵犯专利权的诉讼中面临更大的败诉概率，以及一旦败诉后面临更严厉的制裁。❶

因此，关于知识产权的经济学论点包含一个自相矛盾的因素。知识产权是一种奖励，或者更精确地，是在市场中获得某种奖励的机会。这种奖励可以激励个人去生产有益于社会（如果这些信息被传播给他人）的新信息。这个条件或许不能得以满足，或仅有部分得以满足，因为知识财产的持有人被赋予限制他人接触这些信息的权利。这限制了对所生产信息的最佳利用。因此，这种特别鼓励生产的保护同时又阻碍了实施保护的目标，即阻碍了知识的传播。❷

---

❶ 威廉·M. 兰德斯，理查德·A. 波斯纳. 知识产权法的经济结构［M］. 金海军，译. 北京：北京大学出版社，2005：380-381.

❷ 德霍斯. 知识财产法的哲学［M］. 周林，译. 北京：商务印书馆，2008：134.

知识产权制度诞生至今一直鼓励创新创造，这些制度基本上是合理的，可是制度的扩张经常会超出原先合理的范围。在某些情况下，对知识产权的过强保护恰恰阻碍了发展中国家获得新技术和进行技术创新。专利制度赋予专利所有人在一定时期内控制和利用所持有技术的垄断性权利，这些都增大了获取专利技术和开发新技术的成本，发展中国家的企业也因此没有足够的财政支持来购买这些昂贵的技术。

因此，依据《联合国气候变化框架公约》，发达国家缔约方和其他发达缔约方应采取一切实际可行的步骤，酌情促进、便利和资助向其他缔约方特别是发展中国家缔约方转让或使他们有机会得到无害环境的技术和专有技术，以使他们能够履行本公约的各项规定。发展中国家缔约方能在多大程度上有效履行其在公约下的承诺，将取决于发达国家缔约方对其在本公约下所承担的有关资金和技术转让的承诺的有效履行。

二、绿色技术的专利申请制度

尽管尚没有官方的定义，绿色技术（Green Technology）已多次出现在世界知识产权组织（WIPO）、联合国环境规划署（United Nations Environment Programme，UNEP）、联合国开发计划署（United Nations Development Programme，UNDP）、世界气象组织（World Meteorological Organization，WMO）等国际组织的官方文件中。2009 年 6 月世界贸易组织（WTO）和联合国环境署（UNEP）首度联合发布《贸易与气候变化报告》，阐释了气候变化的科学、经济学理论，分析介绍了应对气候变化的多边努力及各国应对气候变化的政策和贸易措施。该报告指出，气候友好型技术的创新、转让和广泛使用将成为全球应对气候变化挑战行动的中心。这里所说的气候友好型技术（Climate - Friendly Technology）就是绿色技术的一种。

绿色技术又称环保技术（Environmental Technology）、环境友好型技术（Environmentally Friendly Technology）、环境可持续技术（Environmentally Sustainable Technology）或清洁技术（Clean Technology），是为了保护自然生态和资源而对环境科学的应用，以消除人类参与导致的负面影响，其目标是确保环境的可持续发展。

根据 2009 年 2 月联合国环境规划署理事会、全球部长级环境论坛的讨论，绿色经济优先部门包括：清洁和高效技术，包括可再生能源技术以及对农村能源利用的关注；生物多样性行业，包括农业、林业、海产和生态旅游等；生态基础设施，包括自然保护区、保护区和流域等；化学品和废物管理，包括废物减少、回收和利用；低碳城市、建筑物和运输。据此，绿色技术主要包括：回收、水净化、污水处理、环境治理、固体废物管理、节能技术、可再生能源及减排技术等。

绿色专利（Green Patent）所保护的技术方案即属于上述绿色技术领域。绿色专利以发明为主，在专利权的授予条件、保护期限、权利内容和侵权判定上与普通专利并无两样，但是在专利申请授权的程序以及专利技术的许可制度上却存在值得研究和探讨的独特之处。

由于专利申请的审查和授权程序复杂且耗时，全球专利申请大量积压，申请人对知识产权制度失去信心已不足为奇。从提交申请到获得专利权，发明者通常需要等待几年的时间，从而导致先进技术的闲置。为了让致力于绿色技术的企业能够及早获得专利，加速环保产品和服务的上市时间，需要针对绿色专利设计特别的申请程序。

英国是应对气候变化领域的先行者。2007 年，英国推出全球第一部《气候变化法案》，并于 2008 年开始实施，成为世界上第一个拥有气候变化法的国家。2009 年 4 月，英国通过立法，提出了降低碳排放的宏伟目标：到 2020 年减少 34%，到 2050 年减少 80%，成为世界上第一个立法约束"碳预算"的国家。

作为英国政府应对气候变化的诸多方案之一，英国知识产权局（United Kingdom Intellectual Property office，UKIPO）于 2009 年 5 月 12 日宣布，自该日起开始实施一项新的措施，即申请人的发明若属于应对气候变化的绿色技术，则可以申请加速审查，进入所谓"绿色通道"（Green Channel）。申请人需以书面申请注明其发明系关于绿色技术或环境友好型技术，并指出计划申请加速的程序，如检索、检索与审查合一、公开和（或）审查。申请将由专利审查员进行评估，核准通过的则采用"绿色通道"处理申请，申请被拒绝的则仍采用常规方式处理。此项服务亦适用于 2009 年 5 月 12 日以前的申请案。目前英国一般的申请案平均耗时 2~3 年取得专利，而通过"绿色通道"最快只需 9 个月即可取得。图 5-1 显示了常规专利申请流程与绿色通道专利申请流程之间的区别。

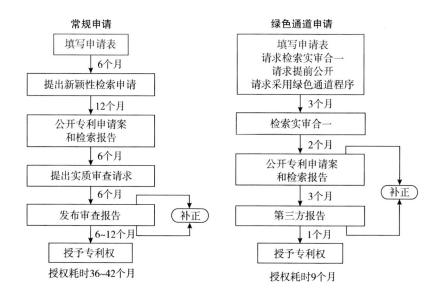

图5-1 专利常规申请和绿色通道申请区别示意

为绿色技术开"绿灯",加快绿色专利的申请流程不仅发生在英国。根据韩国知识产权局(Korea Intellectual Property Office,KIPO)的数据,韩国个人和企业在二氧化碳减排方面的专利申请在2001~2007年增加了44.2%。考虑到及时申请和审查专利的重要性,韩国政府修改专利法以提高专利业务的竞争力,从2009年7月开始实施了一套快速审查体系。根据韩国政府新修改的专利法,"绿色技术"方面的专利申请,尤其是温室气体和环境污染、减排或者政府研发经费资助的专利申请项目,将在一个月内审查完毕并于四个月内宣布审理结果,与以前的三个月审查期以及六个月审查期相比速度快了1.5~3倍。

美国专利商标局(United States Patent and Trademark Office,USP-TO)于2006年8月推出"新加速审查程序"(Accelerated Examination),根据此程序美国专利商标局对发明创造均可在12个月内完成审查，做出是否授权的最终决定，审查周期同以往相比可缩短 25% ~ 75%。依据《美国专利审查程序手册（1998 年修订版）》第 708.02 条规定，可以请求对专利申请实行提前或加速审查的情况包括十项，其中第五项为发明技术可从本质上改善环境质量；第六项为发明技术可对发展或节约能源做出重大贡献；且上述两种情况的专利申请均可免交特殊化请求费。

近年来，随着全球对气候变化问题的关注，减排呼声越来越高，世界范围内对绿色技术的专利申请和授权量也在逐步攀升，绿色专利领域正在上演日趋激烈的技术竞争和制度较量。我国在绿色技术领域的专利申请也呈现增势，依据国家知识产权局统计数据，2014 至 2017 年，中国绿色专利申请量累计达 24.9 万件，年均增速达 21.5%，其中污染控制与治理、环境材料、替代能源和节能减排四个技术领域最为活跃，占同期中国绿色专利申请总量近 9 成。

我国从 2012 年 8 月 1 日施行《发明专利申请优先审查管理办法》，为绿色技术的专利申请建立了一条专利审批快速通道，对于涉及节能环保、新能源、新能源汽车等技术领域，以及涉及低碳技术、节约资源等有助于绿色发展的专利申请，符合条件的可以予以优先审查，自优先审查请求获得同意之日起一年内结案。这样就大大加快了绿色专利申请的审批程序。2017 年 8 月 1 日起《发明专利申请优先审查管理办法》废止，开始施行《专利优先审查管理办法》，仍然保留对涉及节能环保、新能源、新材料、新能源汽车等国家重点发展产业实施优先审查。

三、绿色专利技术许可制度

目前在应对气候变化领域的专利虽多，但由于许可费用、实施条件和其他政治因素，多数绿色专利被束之高阁。绿色技术中的环境无害技术（Environmentally Sound Technology）是目前发展中国家急需引进利用的，包括各种清洁生产工艺和污染防治技术，以及末端治理和监控技术。这些技术涵盖所有系统，包括专有技术、流程、商品和服务、设备，以及组织和管理流程。因此技术转让还包括软技术（如知识、系统和管理方法），这就需要商业机构、培训机构和教育机构的参与。某些技术在转让给发展中国家（尤其是低收入国家）时往往会遇到各种阻碍，例如高成本、严格的知识产权限制以及缺乏技术操作和维护人员等。高速铁路系统就是一个例子。

2008年1月，IBM公司与世界可持续发展工商理事会合作，协同多家公司设立了"生态专利共享计划"（Eco-Patent Commons），首次向公共领域开放了数十个创新的环保专利。该共享计划旨在促进环保技术的利用、实施和后续开发；提供技术分享的轻松平台；并鼓励企业间对环保技术方案的合作利用和开发。在某种程度上"生态专利共享计划"承袭了"知识共享计划"（Creative Commons，CC）的自由传播理念。"知识共享计划"旨在增加创意作品的流通可及性，作为其他人据以创作及共享的基础。而"生态专利共享计划"提供了一个重要且独特的绿色专利许可和使用模式，即通过分享创新技术和解决方案来支持企业的可持续发展，使企业获得与众不同的领导力，也为企业和其他实体提供了一个机会，使他们能够达成共同利益，在深入开发专利技术方面及其他领域建立新的合作关系。

在应对全球化公共事件时，开放的资源展现出更加积极的合作意愿。同时，开放的资源之所以比封闭的资源更有价值，还有效率方面的原因。❶ 从管理学理论来看，控制有时会导致系统瘫痪。因此，对于绿色技术也可以通过政府收购或出资的方式形成有利的许可环境。例如，通过政府采购承诺，如电力采购协议，形成推动新技术发展的动力；再如，政府部分或全部买断某些绿色技术专利权，作为公有知识产权加以推广使用。此外，专利权的排他性实质上表现出一种消极权利，一项发明专利本身可能被先前的专利所涵盖，例如，一个宽泛的早期产品或工艺流程专利可能涵盖了未来的技术更新，后者则以发明的改进获得专利。在这种情况下，发明改进专利的权利人有权禁止包括在先的宽泛专利权人在内的任何人使用其改进专利，同时除非获得宽泛专利权人的授权，该改进专利权人也不能使用此项改进技术。

因此，如果一项在后获得专利权的发明比在前已获得专利权的发明具有显著经济意义的重大技术进步，其实施又依赖于在前已获得专利权的发明的，专利行政部门则可以根据后一专利权人的申请，给予其实施在前发明的强制许可。此后，专利行政部门可以根据前一专利权人的申请，给予其实施在后发明的强制许可。在环境技术领域由于技术革新的速度逐渐加快，"专利圈地"行为也时常发生，对因依存专

---

❶ 莱斯格. 思想的未来［M］. 李旭，译. 北京：中信出版社，2004：95.

利或从属专利实施而授予强制许可确保了公平竞争和先进技术的推广。

联合国贸易和发展会议（United Nations Conference on Trade and Development，UNCTAD）发布的《2009 年贸易和发展报告》提出缓解气候变化将造福于全体人类，因此可以将世界贸易组织《TRIPS 协议》中的灵活性条款解释为放宽专利保护，如允许对气候友好设备和商品的生产及相关工艺实行强制许可。《TRIPS 协议》第三十一条提出颁发强制许可的数项事由，如拒绝许可、国家紧急状态和极其紧急情势、非商业性的公共使用、依赖性专利等，但是，协议没有限制成员规定使用强制许可制度的理由，这是成员及学者的普遍共识。因此，只要在遵守协议要求的条件下，成员可以灵活地规定启动强制许可制度的理由。❶

依据 2009 年 10 月 1 日起施行的《中华人民共和国专利法修正案》，我国使用强制许可的理由包括：拒绝许可、未实施或未充分实施专利、已被认定为垄断行为、紧急状态和非常情况、公共利益、公共健康和依存专利。其中，"公共利益"犹如一个万花筒，在面临棘手问题时，通常都可以从中找到想要的答案。确保良好的生态环境或处理环境问题引发的灾害当然是公共利益之所在，但是公共利益的存在并不能理所当然地排除专利权人的排他性地位，而且，如果公共利益可以通过其他相近或相似的替代方法得到满足，则不能以公共利益的名义授予强制许可。值得注意的是，环境领域较之公共健康领域，环境技术的可替代性要远远高于药品，因此采用强制许可制度时更需慎重。

---

❶ 林秀芹. 中国专利强制许可制度的完善［J］. 法学研究，2006（2）：34.

四、专利制度如何应对气候变化的挑战

气候变化问题涉及全球共同利益，特别是发展中国家的利益和发展空间。国际社会普遍认识到，技术创新结合绿色技术的转让和广泛执行将是应对气候变化挑战的关键。知识产权，尤其是专利制度，是连接技术创新与技术转让及推广的纽带。然而，专利制度从来都是一把双刃剑，既能够提供创新激励、促进信息转移、实现技术贸易，也能够产生由垄断带来的社会成本。因此，专利制度是一套昂贵的激励制度，当存在信息不对称时，政府必须制订这样一个激励企业研发的计划，实现有约束的社会福利最大化。面对因气候变化引起的新的国际环境，专利制度如何去调整以实现激励创新和社会福利的均衡，将是值得研究的方向。

《气候变化框架公约》以共同但有区别责任原则为指导，为各国规定了不同的权利和义务。鉴于全球气候系统的整体性，各国都有义务采取实际行动应对气候变化，这是共同责任，但发达国家应承担区别责任，率先采取实质行动。首先，发达国家长期的高消耗生产方式和高消费生活方式给全球环境造成了较大压力。同时，发达国家掌握了大量可用于环境保护的资金和技术，并且其经济和技术优势是以从发展中国家大量、廉价获取自然资源为基础的。

因此，公约规定发达国家应当向发展中国家提供履约所需的资金和技术支持。在资金和技术问题上，发达国家一直裹足不前，技术转

移更是举步维艰。一方面，发达国家政府声称先进的低碳技术由私营企业掌握，其知识产权应当保护，不能强制企业廉价出售相关技术，同时通过国内政策限制民用高科技向发展中国家出口。另一方面，私营企业关注的是投资机会，而不愿意出售技术。❶ 这些因素完全限制了发展中国家获得缓解和适应的先进技术。

从全球范围内来看，《TRIPS 协议》及一系列多边知识产权公约已使得专利保护水平在全球趋于统一。对于发展中国家来说，上述协定和公约是非常复杂和不平等的。《TRIPS 协议》实现了世界经济的巨大结构性变革，这个变革将垄断利润从信息贫乏的国家转移到信息富有的国家。随着信息经济的进一步深化，世界体制内的不平等日益加大，将出现数字鸿沟，获得药品鸿沟及那些为逃税而将知识产权在世界体制范围转移的公司与那些只能为知识产权付费的人们之间出现的鸿沟。❷

关于在全球化中知识产权"私权""公法化"的争论从来就没有停止过。事实上，尽管一再强调国际保护的同一性，许多国家在履行国际知识产权保护义务的同时，还十分注意本国的经济利益，甚至把本国的经济利益放在首位。发达国家基本上都是如此，发展中国家也是如此。❸

基于上述情况，是否需要一套应对气候变化的特殊的专利制度？

---

❶ 谷德近. 巴厘岛路线图共同但有区别责任的演进 [J]. 法学，2008 (2)：136.

❷ 达沃豪斯，布雷斯韦特. 信息封建主义 [M]. 刘雪涛，译. 北京：知识产权出版社，2005.

❸ 郑成思. 国际知识产权保护和我国面临的挑战 [J]. 中国专利与商标，2006 (4)：7.

我们很自然地会联想有关 HIV/AIDS 药品的专利制度安排。但是，HIV/AIDS 药品牵涉的公共健康领域的知识产权问题经 WTO 部长级会议已达成《TRIPS 与公共健康多哈宣言》（以下简称《多哈宣言》）。该宣言承认了国家采取措施以维护公共健康是不可减损的权利；明确了成员国在面临公共健康危机的国家紧急情势或其他极端紧急情势下，可以通过强制许可和平行进口等方式满足公众健康需求。

然而，对于减缓气候变化的绿色技术到目前为止尚未达成这样的协议。2015 年底达成的《巴黎协定》中仍然没有涉及知识产权问题。可以说，知识产权问题一直是气候变化大会谈判的红线。同时，由于气候变化减缓技术的可替代性要远远高于药品，目前尚不具备单独建立一套针对气候变化的特殊专利制度的条件。然而，为应对气候变化而进行专利制度的调整却将一直在理论上和实践中被讨论，甚至被付诸实施。

气候变化问题必须在发展过程中解决，包括专利制度在内，需要一整套平衡的知识产权制度，包括旨在帮助创造、传播和利用清洁技术的"绿色专利"制度；旨在确保所创造的产品终其生命周期自始至终都无害生态的"绿色设计"制度；以及帮助消费者做出知情选择，并让公司拥有竞争优势的"绿色品牌"制度。❶

为应对气候变化挑战，中国承诺将采取包括进一步降低单位国内生产总值二氧化碳排放，积极发展可再生能源等在内的多项强化措施，

---

❶ 弗朗西斯·高锐. WIPO 总干事 2009 年世界知识产权日致辞［J］. 中华商标，2009（4）：5.

其中提出的四项"中国举措"之一即大力发展绿色经济，积极发展低碳经济和循环经济，研发和推广气候友好技术。有关绿色专利的制度调整和实践将加快本国绿色技术的商业化步伐，同时也为积极利用国外绿色专利提供可以尝试的许可路径。

第二节　技术标准中的必要专利问题

谁掌握了技术标准中的必要专利，谁就获得了通往特定行业高速公路的收费许可证。必要专利的巨大市场支配力在电信等基础设施领域尤为显著。在标准制定阶段对可能纳入技术标准的专利或专利权利要求的披露、评估和确认将是决定标准实施阶段相关专利许可和收费的关键。

必要专利的定义和认定对技术标准的制定和实施有着重要影响。本节针对目前国内必要专利研究中普遍存在的问题，考察现有国际通行的必要专利相关定义和认定，重点探讨必要专利与必要专利权利要求的区别以及不同适用场合，分析必要专利判定要素中技术因素和商业因素的选取及其影响，并针对《国家标准涉及专利的处置规则（征求意见稿）》（以下简称《处置规则》）提出相关建议。

一、必要专利的界定："必要专利"与"必要专利权利要求"之辨

目前国内研究对必要专利的界定缺少严谨论述，特别是忽视了"必要专利"和"必要专利权利要求"之间的区别❶，由此不仅会带来概念界定上的混乱，还会导致标准制订或实施过程中对知识产权政策运用的无所适从。

这是因为，很多专利包含不止一项权利要求，对某一特定标准而言，一些权利要求具备必要性，而另一些权利要求则不具备。而专利信息披露、公布规则依赖于专利，即标准制订过程中信息披露的基础是必要专利；而专利许可承诺条款应该仅仅限于必要专利权利要求而非整个专利，即标准实施过程中许可的基础是必要专利权利要求。因此，在概念界定上就必须明确必要专利和必要专利权利要求的区别。

（一）国际通行的必要专利的定义

国际标准组织的章程和专利政策通常都会涉及必要专利或必要专

---

❶　例如，在一些论文中，虽然在脚注提及"必要专利"与"必要专利权利要求"有别，但是并未做进一步区分，仍采用通用表述全文使用"必要专利"。见马海生．技术标准中"必要专利"问题再研究［J］．知识产权，2009（2）：35-39. 再如，在一些论文中，当论及必要专利定义时，分别列举了现有国际标准组织对"必要专利"和"必要专利权利要求"定义但却不做区分。参见杨华权．论必要专利的评估［J］．科技与法律，2010（5）：87-92. 杨华权．论必要专利的评估途径［J］．电子知识产权，2010（5）：25-29. 还有一些论文在论述必要专利的定义和判定时完全忽视了"必要专利权利要求"。参见那英．技术标准中的必要专利研究［J］．知识产权，2010（6）：41-45. 王鑫．标准化组织专利政策中关于必要专利的基本问题研究［J］．法制与社会，2009（5）：337-338.

利权利要求，但是部分标准组织认为不应负责对标准所涉及专利或专利权利要求的必要性做出判断。以国际电联电信标准化部门（International Telecommunication Union – Telecommunication Standardization Sector，ITU-T）、国际电联无线电通信部门（International Telecommunication Union – Radio Communication sector，ITU-R）、国际标准化组织（International Organization for Standardization，ISO）及国际电工委员会（International Electrotechnical Commission，IEC）共同专利政策实施准则》为例，该文件认为当标准草案需要获得全部或部分实施某项专利的授权时，该专利即为必要专利。

主流国际标准组织都鼓励在标准制订阶段尽早披露并认定必要专利，认为这样可提高标准制定的效率并避免产生潜在的专利权问题。与此同时又指出，标准化组织应该避免做出标准中专利相关性和必要性的判断；避免干涉许可条件的协商；避免陷入必要专利的纠纷处理中。认为上述事项应该依据以往惯例，留给标准制定参与方自行解决。

标准制订过程中，标准组织内的技术机构将对所提交的专利材料进行讨论，但是不会对任何涉及专利必要性、权利范围、有效性以及具体的许可条款发表意见。因此，在这份《共同专利政策实施准则》中尽管多次出现必要专利和必要专利权利要求，但是并未做出更为细致的定义或解释。又如，在美国国家标准学会（American National Standards Institute，ANSI）专利政策中，认为标准中需要使用的专利即必要专利。该文件同时指出，国家标准学会不负责确定哪些专利是标准执行所必须的，也不负责调查这些专利的法律有效性和保护范围。

与此相反，也有部分标准组织对必要专利或必要专利权利要求进行了具体阐释。例如，依据《美国电气及电子工程师学会（Institute of Electrical and Electronics Engineers，IEEE）标准协会章程》第6.1条，必要专利权利要求是指对实现强制性或选择性 IEEE 标准规范性建议条款所必须的专利权利要求，当 IEEE 建议标准被通过时，在商业上或技术上都没有可替代的非侵权技术方案。一项必要专利权利要求不包括仅对使能技术（Enabling Technology）是必须的专利权利要求，也不包括除了符合上述规定以外的其他权利要求，即使这些权利要求与必要权利要求规定在同一专利中。在 IEEE 标准协会的相关文件中均使用了上述对必要专利权利要求的定义。

例如，由 IEEE 标准协会下标准理事会专利委员会制订的《必要专利权利要求承诺书》。IEEE 标准协会附属的标准组织继续延用了上述定义。例如，IEEE 产业标准和技术组织（IEEE - Industry Standards and Technology Organization，IEEE-ISTO）的打印机工作组（Printer Working Group，PWG）制定的《PWG 必要专利权利要求承诺书》。

在涉及标准的专利许可协议中，都会牵涉必要专利和必要专利权利要求。例如，根据《DVB MHP（Digital Video Broadcasting - Multimedia Home Platform）的专利许可协议》，必要专利权利要求是指已公开或未来将公开的专利或专利申请的权利要求，当对其使用、制造或销售时，必然导致侵权发生，其中只有当一项权利要求在执行 DVB MHP 标准时由于没有技术上可行的可替代非侵权方案，无法避免侵权时才满足必要专利权利要求的条件。

174

需特别注意的是，该《DVB MHP 的专利许可协议》规定必要专利权利要求不包括：①包含在必要专利权利要求所在专利内的其他权利要求；②仅仅和 DVB MHP 标准的部分或延伸实施相关而与 DVB MHP 标准不兼容的权利要求；③需要将其实施与其他技术联合运用的权利要求，条件是其他技术中包含了使得该联合产物被必要专利权利要求涵盖的决定因素。

（二）对《处置规则》中必要专利定义的探讨

《处置规则》将"必要专利"定义为："实施标准时，无法通过采用另一个商业上可行的不侵权的实施方式来避免该专利的某一权利要求被侵犯的专利。"简而言之，即"必要专利"是"无法……避免该专利的某一权利要求被侵犯"的专利。这里的"某一权利要求"应当被认为是必要专利权利要求。

如本节开头所述，很多专利包含不止一项权利要求，对某一特定标准而言，部分权利要求具备必要性，而另一部分权利要求则不具备。同时由于必要专利和必要专利权利要求分别对应着标准化过程的不同阶段，因此对于包含不止一项权利要求的专利需要清晰区别必要专利和必要专利权利要求。

基于此，美中贸易全国委员会（US – China Business Council, US-CBC）建议中国标准化研究院将对必要专利的定义拓展并修改为"必要专利是指一项可能包含必要专利权利要求的专利。必要专利权利要求则是指，在最先进的技术条件下实施某项国家标准，无法避免被侵犯的一项专利要求"。

通常在标准制订阶段，专利持有人不可能知道某一专利的全部或部分权利要求是否能够被纳入最终的标准文本中，但是该专利持有人将有义务披露含有任一此类权利要求的专利。因此通常披露规则针对的是必要专利，而许可条款则是仅仅针对标准文本最终确定的必要专利权利要求。

对此，美国知识产权所有人协会（Intellectual Property Owners Association，IPO）建议将《处置规则》中必要专利定义为，可能包含一项必要专利权利要求的专利。同时增加对必要专利权利要求的定义，即在执行中国国家标准时，基于当时的技术和工艺，无法避免被侵权的一项专利权利要求。

同样，考虑若一件专利中除必要权利要求外还包含非必要权利要求时，将后者也作为必要专利的对象的做法不合理。中国日本商会（The Japanese Chamber of Commerce and Industry in China，CJCCI）建议将必要专利的定义修改为："实施标准时，无法通过采用其他实施方式来避免侵权的专利权利要求"。

正是因为专利通常包含多项权利要求，有些权利要求将最终被标准制定组织确定为对某一标准是"必要的"而同一专利中的其他权利要求则是非必要的。

因此，当标准提案被讨论时，标准制定组织（Standard Development Organization，SDO；或 Standard Setting Organization，SSO）都会鼓

励披露包含至少一项可能被列入标准文本的权利要求的专利。而专利许可承诺通常只适用于所披露的专利中实际被标准文本最终采纳的专利权利要求。

专利披露规则适用范围更广，有助于促进相关企业及早披露专利信息，鼓励相关专利权利人积极参与标准制定；专利许可承诺适用范围更加具体细化，可以确保合理拟定专利许可声明，使其内容不至于过度宽泛，从而保证标准使用方的利益。

这种区分符合披露与许可承诺的基本目的，即鼓励专利的及早披露和认定。这样可以提高标准制定的效率，同时避免标准中潜在的专利权问题。因此，建议在《处置规则》中对必要专利与必要专利权利要求加以区分并分别定义，以明确披露规则和许可承诺的不同适用对象。这样将有助于专利权人参与标准制订，增加透明度，使标准制订过程更加健全，也有利于减少标准制订后因专利权许可产生的纠纷。

二、必要专利的认定标准：技术因素和商业因素之辨

目前国内对必要专利的认定标准主要包括两种：第一种判定标准将其划分为三个因素，即技术因素、法律因素和商业因素❶；第二种判定标准也包括三个因素，即有效性、必要性和时间性，或者有效性、时间上不可替代性和改进技术替代性，其中有效性标准其实就是考察

---

❶　如马海生. 技术标准中"必要专利"问题再研究［J］. 知识产权，2009（2）：35 – 39. 杨华权. 论必要专利的评估［J］. 科技与法律，2010（5）：87 – 92. 王学先，杨异. 技术标准中必要专利的认定［J］. 沈阳农业大学学报（社会科学版），2010（7）：504 – 507.

法律因素，而余下两个标准都是针对技术因素。

由于对法律因素的判断主要涉及判定该专利的地域性、有效期以及是否构成专利侵权，这里的法律因素适用于对任何专利的认定，并不是必要专利认定的独有标准，不具有特殊性，将此作为一项认定必要专利的特定考察因素专门讨论反而会削弱对技术因素和商业因素标准内涵以及两者之间相互关系的研究。

由上述分析可知，国内研究对必要专利的认定标准包括两种倾向：一种包括技术因素和商业因素；另一种是只包括技术因素，即使是承认商业因素的研究者，也可能在最终得出必要专利认定应当排除商业因素的结论。因此，必须澄清技术因素和商业因素的适用条件及适用优先顺序，同时，对于采用技术因素作为判定标准的情况还存在不同判定时间点选择带来的问题。

（一）国际通行的必要专利的认定标准

必要专利被认为是实施某一技术标准不可回避的专利，通常并没有限定是"技术上"不可回避还是"商业上"不可回避。国际通行的做法是，仅依据"技术因素"做出判断。如欧洲电信标准协会（European Telecommunications Stardards Institute，ETSI）认为知识产权的"必要性"必须是"基于技术而非商业的原因"，并考虑标准制订时常见的技术实践和工艺条件，不可避免侵犯该知识产权。也有一些标准化组织将技术因素和商业因素都纳入了判断必要专利的考量因素。例如，IEEE 标准协会（IEEE-SA）规定，必要专利权利要求需要"在商业上或技术上都没有可替代的非侵权技术方案"。

无论是否考虑商业因素，对必要专利的认定首先应该针对技术因素进行判断。目前通行的做法是根据专利的核心重要性进行判断。具体来说，技术标准中必要专利通常被认为是由底层技术构建。❶❷

在电信领域，必要专利也常常是由实现某一技术标准必须的框架技术构成；在互联网领域，必要专利则常常是由标准的具体实现技术构成。针对技术因素判断，需要将专利权利要求书所记载的技术特征、专利说明书记载的技术方案与技术标准中所包含的技术要素（如对产品规格或功能的指标要求）进行分析比较。必要专利权利要求应当提供实现该技术指标的技术方案，记载了解决该技术问题的技术特征。

（二）对《处置规则》中必要专利认定标准的探讨

《处置规则》中对必要专利采用技术因素加商业因素的双重标准，将侵权认定建立在满足技术要求且"商业上可行"的基础上。中国日本商会在反馈的征求意见中指出，对于"商业上可行"的表达方式，存

---

❶ Marc Rysman，Timothy Simcoe. Patents and the Performance of Voluntary Standard – Setting Organizations［J］. Management Science，2008，54（11）：1920 – 1934. 在该文中，作者考察了当标准制定组织以底层技术基础构建标准时某一专利的引用率变化。

❷ Oracle 公司"标准体系与战略"副总裁 Donald Deutsch 在美国联邦贸易委员会与司法部 2002 年"知识经济环境中竞争与知识产权法律政策"听证会上的发言。Statement of Donald Deutsch on Intellectual Property Strategies in Standards Activities，April 18，2002. 发言中 Deutsch 先生指出，对于不是技术标准规范必须遵守的底层技术，则可以保持由其技术贡献人自行竞争颁布授权。由此可以得出，那些技术标准规范必须遵守的"底层技术"专利即"必要专利"。

在定义不明确，且未规定由谁来做出判断等问题，应删除。美中贸易全国委员会则强调对必要专利权利要求的判断要"在最先进的技术条件下"判断。也有专家指出，《处置规则》中的定义扩大了可能侵权的范围，使其包括了在标准外的技术方案（即标准没有技术性和专门性地为该技术方案做定义），也包括了在该标准被批准后才问世的技术。

本书作者认为必要专利或必要专利权利要求的判断首先必须依据技术因素；其次，如果增加商业因素作为判断依据，则会扩大必要专利或必要专利权利要求的范围。

因为一些可替代的技术方案在实践中可能因为许可成本、运作环境或其他商业因素限制而无法实施，这样就使得必要专利或必要专利权利要求成为实施某一标准不可回避的选择。因此，增加"商业因素"考量实际是对专利权人更加有利的一种选择。另外，由于对"商业上可行"的判断存在一定的模糊性，在实践中如果将"商业因素"作为判断依据也会增加标准制定组织的工作难度。因此，建议在现阶段中国的标准化工作中，对必要专利或必要专利权利要求宜采用单一的"技术因素"判断依据。

此外，由于标准常会根据技术的进步而更新，对专利必要性的判断也可能随着时间推移而发生变化。同时，即使标准没有变化，由于技术变化，也会使得对必要专利的判断产生变化。因此，在采用"技术因素"判断时，选取的判断时间点是技术标准颁布时还是技术标准执行时也会对认定结果产生一定的影响。

目前，欧洲电信标准协会（ETSI）采用"标准制定时"；IEEE 标准协会（IEEE-SA）采用"标准被通过时"；《DVB MHP 的专利许可协议》采用"标准执行时"。采用"标准执行时"作为判断标准，会增加必要专利判断的变动性，但同时可以避免当出现新的替代技术时，标准使用者仍然需要为标准制订时的必要专利支付许可费用。实践中，为了防止歧视和其他权利滥用，专利池可以允许成员脱离专利池单独许可。这样一旦专利池中的必要专利多于使用者所需要时，专利持有人和被许可人就会绕过专利池单独许可。❶

由于判断时间点的选择将影响标准制订组织的工作流程和专利池许可制度的设计，建议在《处置规则》中无需具体规定判断时间点，而是将此留给标准制定组织自行决定。

第三节　印度药品专利制度如何应对国际环境变化

印度药品专利制度的建设和完善历程充分展现出印度应对国际环境变化的丰富经验，在国际规则之间闪转腾挪，看似我行我素，实则步步为营，为印度本国制药业的发展争取到制度回旋的空间。

1995 年 1 月 1 日《TRIPS 协议》生效后，为履行承诺，印度按照协议有关规定对其专利法进行了相应的修改，并分别于 1999 年、2002

---

❶ François Lévêque, Yann Ménière. Technology Standards, Patents and Antitrust [J]. Competition and Regulation in Network Industries, 2008, 9 (1): 34.

年和 2005 年颁布专利法修正案。在印度专利法的制定和修订过程中一直非常重视专利制度对公共卫生的影响。专利权的本质是排除竞争对手，产生垄断性收益，以收回研发成本并产生利润。

考虑到专利保护对药品价格的影响，从公共卫生角度来看，专利对人们特别是穷人的药品负担能力会产生负面作用。因此，专利制度对医药产业的发展会产生极为重要的影响。印度专利法对医药产业的影响可以归纳为如下四个方面。

一、拒绝药品产品专利

长期拒绝药品产品专利给印度仿制药的发展创造了时机。从 1970 年印度专利法发布，直至 2005 年印度履行《TRIPS 协议》过渡期届满前，印度一直拒绝药品领域的产品专利。可以认为这是印度发展本土制药业的一项战略，而源头可以追溯到 1959 年专利修订委员会提交的《修改专利法报告》。❶

该报告指出，根据 1911 年《印度专利和外观设计法》，发明包括产品发明和方法发明，因此药品可以申请产品专利保护，外国公司能够在印度阻止其专利药品的生产，导致印度的制药业停滞不前。外国权利人持有印度 80% ~ 90% 的专利，这其中 90% 的专利产品没有在印度制造，委员会认为专利制度被跨国公司用以垄断市场，特别是在食

---

❶ Shri Justice N. Rajagopala Ayyangar. Report on the Revision of the Patent Law [R]. Government of India, September 1959.

品、药品和化学品等重要行业，市场垄断导致价格过高。因此，委员会建议，只对上述领域的发明给予方法专利保护。

这份报告是 1970 年印度专利法的基础，其远见为今天印度仿制药的繁荣奠定了基础。1970 年印度专利法在药物和化学品领域仅授予"方法专利"的原因是，由于产品专利能够阻止他人通过不同方法获得同样的产品，因此产品专利对于他人的相关研究具有抑制作用。印度当时的发展阶段不允许对上述产品授予专利保护。与之配套，印度宪法将专利纳入联邦立法权项目，规定相关议题的立法权应归于议会，因此与专利相关的法律必须通过议会，由此确保了专利立法的审慎性，而在议会讨论也保证了专利立法必须重视公众利益和诉求。

二、过渡期邮箱申请

过渡期"邮箱"申请让印度满足 TRIPS 要求并兼顾自身发展需求。1995—2005 年是印度履行 TRIPS 义务的过渡期，根据 1970 年的印度专利法，不保护药品领域的产品发明，在 1999 年印度专利法修正案中规定，药品领域可以提交产品专利申请，但这些申请进入"邮箱"申请系统，要等到 2004 年 12 月 31 日后才处理；与此同时，修正案提供市场独占权的保护。过渡期届满，2005 年修正案即取消了市场独占权。印度通过行政指令的形式来建立专利"邮箱"系统。然而，印度的这种做法受到执行措施的限制。行政指令规定的措施需要有健全的法律基础，否则，将导致确保新颖性和优先权的具体措施无法实行。

2005 年以前，由于印度只承认药品方法专利，允许印度制药公司对畅销药品进行分子反向工程，以生产低价的仿制药供应国内市场并出口到俄罗斯、中国、巴西和非洲国家，印度制药公司在生产仿制药的过程中积累了大量经验和技术。2005 年后，印度承认并开始处理相关申请，这使印度药品企业重新思考产品开发策略，并开始加大研发投入。与此同时，制药和生物技术跨国公司开始考虑是否应该在印度市场加大研发投入或者增加承包研发、承包制造和其他市场营销行为。❶ 在过渡期，印度国内制药企业相互结盟，为跨国制药公司进行药品研发和制造，由此加入市场联盟。印度本土的制药产业发展迅速，一些企业开始进行重点药品研发，并已经在美国和欧盟申请药品专利。

因此，过渡期灵活的专利申请措施使印度不仅满足了《TRIPS 协议》对药品专利提供保护的要求，同时也兼顾了自身的发展需要，毕竟没有授予产品专利权，印度本土制药企业可以利用这段时间进行仿制药的研发、生产并占领市场。过渡期的十年成为印度制药业发展最为迅速的时期，印度制药业也成为印度最赚钱的行业之一，平均利润率（利润占销售额的百分比）在 1995 年大约为 8.8%（当时化工业利润率为 5.8%，食品和饮料业为 4.8%，机械制造业为 5.5%），2005 年达到 15.4%。❷

---

❶ Ravi Sarathy. Strategic Evolution and Partnering in the India Pharmaceutical Industry [M]. // Subhash C. Jain (ed.). Emerging Economies and the Transformation of International Business: Brazil, Russia, India and China (BRICs), Cheltenham: Edward Elgar, 2007: 229.

❷ Mainak Mazumdar. Performance of Pharmaceutical Companies in India [M]. Berlin, Heidelberg: Springer, 2013: 32.

三、强制许可制度

强制许可为印度制药公司与跨国公司的自愿许可争取到谈判空间。1970 年印度专利法中即有专章规定强制许可，2002 年和 2005 年印度专利法修正案又进一步对强制许可制度进行完善。根据印度专利法的规定，专利授权三年后，任何利害关系人可以基于以下理由向专利管理局提出强制许可的申请：①公众对该专利发明的合理要求未能得到满足；②该专利发明不能以合理可承受的价格向公众提供；③该发明没有在印度领域内实施。上述三个理由，只要满足其中一个，专利局就有权授予强制许可。2012 年印度专利局应 Nacto 公司申请，对德国拜尔公司的抗癌症药品索拉非尼颁发强制许可，这也是印度颁发的第一个强制许可令。❶ 在该案中，印度专利局认为上述三个理由均得到满足。这一决定后经印度知识产权上诉委员会和印度最高法院的审查，最终于 2014 年年底由最高法院确认。

在索拉非尼案中，印度知识产权上诉委员会和最高法院的决定充分展现出保证公众获取药品的一种倾向，将鼓励其他印度制药企业申请强制许可。与此同时，印度同样担忧强制许可可能会影响外国对印度的直接投资，因为发达国家通常会以双边自由贸易协定等来为自己争取更好的专利保护。从长远来看，强制许可让药品专利权人意识到

---

❶ Decision of the Controller of Patents in Compulsory License Application No. 1 of 2011, Mar. 9, 2012; Application for Compulsory Licence under Section 84 (1) of The Patents Act, 1970 in respect of Patent No. 215758.

可以通过牺牲一部分利润，如降低药品价格和增加分销等手段摆脱强制许可的威胁，同时尽早达成自愿许可也是一个不错的选择。强制许可制度因此为自愿许可谈判争取了空间，这些都会增加制药行业的竞争，导致药品价格的降低。

也有印度学者担心，强制许可也可能导致制药公司试图增加专利申请量以形成专利丛林，即在某一领域形成重叠的权利要求和专利集群，增加某一领域的进入难度，导致针对单个专利的强制许可难以发挥作用，以此来排除强制许可的威胁。❶ 事实上，印度专利局在颁发强制许可时同样慎重，要求申请人必须满足法律所规定的条件，特别强调在申请强制许可前必须已经与权利人就自愿许可协议进行了实质性接触但没有达成。

四、专利权客体的弹性规定

专利权保护客体的弹性规定给印度制药业留下了周旋余地。由于《TRIPS 协议》没有对"发明"进行定义，这就提供了成员对新颖性和创造性自行解释的灵活度，成员可能做出严格解释也可能做出宽松解释。印度专利法在专利权保护客体上的弹性规定给印度法院保留了诠释的空间，这就给印度制药业留下了与跨国制药集团周旋的余地。

在诺华公司格列卫专利申请案❷中，最高法院在判决中，对印度专

---

❶ Mansi Sood. NATCO Pharma Ltd v. Bayer Corporation and the Compulsory Licensing Regime in Indian [J]. NUJS Law Review, 2013, 6 (1): 111–113.

❷ Supreme Court of India, Judgment of Civil Appeal Nos. 2706–2716 of 2013.

利法及其专利法修正案中对发明、创造性、实用性和可专利性的界定和理解进行了详细的阐述，进而通过对药品专利申请设置第二层标准，防止专利常青现象，即制药公司试图通过对原有专利的各种微小的修改，包括修改活性成分、制剂、制造方法、化学中间体、作用机制、包装、筛选方式和生物学目标等，不断延长专利权保护，将专利药品对市场的独占性延伸到原有专利保护期届满之后。

但是，有学者指出，反对专利常青现象又必须与渐进式创新行为相区分，渐进式创新通常被认为是某些突破性药物研发的重要跳板，而专利常青的做法则不具备这种特点。如果一个药物仅改变了片剂的颜色或惰性成分，很显然这种寻求专利保护的修改就属于专利常青。但是，如果某种修改增强了药品的生物利用度，比如药物的吸收率、药物到达身体靶向位置的程度等，那么这种改进就属于显著增强了药物的效用，属于渐进性创新，应该得到专利保护。❶

窥一斑而知全豹，印度药品专利制度的建设和完善历程充分展现出印度应对国际环境变化的丰富经验，在国际规则之间闪转腾挪，看似我行我素，实则步步为营，为印度本国制药业的发展争取到制度回旋的空间。

---

❶ Jodie Liu. Compulsory Licensing and Anti – Evergreening: Interpreting the TRIPS Flexibilities in Sections 84 and 3 (d) of the Indian Patents Act [J]. Harvard International Law Journal, 2015, 56 (1): 220.

第四节　创新实践问题的探讨

一、世界各国如何理解专利质量

无论世界各国对专利质量的理解持何种观点，多数国家都认为高质量的专利审查程序对于审查结果，即专利本身的质量至关重要。

近年来，我国高度重视专利质量提升工作，先后出台了多项政策文件，其中国家知识产权局印发的《专利质量提升工程实施方案》提到，专利质量是彰显创新驱动发展质量效益的核心指标之一，是保障知识产权事业持续健康发展的生命线，是夯实知识产权强国建设的基础。

那么，社会公众该如何理解专利质量？笔者认为，对于专利质量的理解不仅可以从不同利益相关方，如创造者、申请人和专利审查部门等的视角进行界定，还可以从专利制度和专利法的角度进行解读。

国际上对专利质量的关注由来已久。法国国家工业产权局认为，专利质量应当同时涵盖所提交申请的质量、基础设施和专利局内部程序的质量，以及审查结果即专利的质量。日本特许厅认为，满足以下三个因素时才能认定为"高质量专利"，即专利申请在授权后难以被无效，专利权的权利保护范围与其公开内容和技术创新水平相匹配，以及专利在世界范围内获得认可。新加坡则使用"稳健专利"来指称那些难以被无效、能够增强利益攸关方和投资者信心的专利。欧亚专利局认为，专利质量对不同环境中的利益攸关方的意义是不同的，从社会利益的角度来看，专利质量意味着专利的权利保护范围与发明对现有技术的贡献成比例。

世界知识产权组织为了解各国专利局是如何理解专利质量这一术语展开了调查。2017 年 12 月，在日内瓦举行的 WIPO 专利法常设委员会（Standing Committee on the Law of Patents，SCP）第二十七次会议上，基于 80 个成员国和两个地方专利局反馈的信息，SCP 专门汇编了一份关于成员国如何理解专利质量的文件，从中可以看出，对于专利质量的理解主要分为以下三类。

第一类，以日本为代表，将专利质量视为专利本身的质量，认为高质量专利应当满足所适用法律规定的要求，包括属于可授权客体，具备新颖性、创造性、实用性，满足充分公开的要求等。因此，此类专利有效性较强，受到挑战时被无效的可能性较低。

第二类，以意大利为代表，认为，应该在专利授权程序的语境下理解专利质量，认为专利质量与专利授予程序的质量密切相关，前者是期望的结果，后者是导致该结果的程序，因此将专利质量视为专利本身的质量和专利授权程序的质量。

第三类，对专利质量的分类不做区分，持这种观点的国家占多数，包括美国、韩国、英国、德国、法国、加拿大等，还包括欧亚专利局和欧洲专利局。其中，美国认为很难从国际层面就"高质量专利"的定义达成一致，俄罗斯对此表示支持。

事实上，无论持上述哪种观点，多数国家都认为高质量的专利审查程序对于审查结果即专利本身的质量至关重要，这其中包括完整、全面的检索和审查程序，审查意见通知书和审查决定的及时性，接受过良好训练、具备充分技能来履行职责的审查人员，专利制度的透明度以及专利局与利益相关方的沟通等因素。从国际层面上加强信息交流、技术援助和能力建设，促进专利审查能力提升将带来专利质量的提升。

二、家电行业如何从渠道竞争转向创新竞争

由渠道竞争转向创新竞争是家电行业向高附加值转变的一个标志，也是 B2C（Business – to – Customes）、B2B（Business – to – Business）等电子商务模式发展的一个必然结果。对于家电企业，必须适应这个变化，重视创新，重视获取和保护自己的专利权，同时避免自己的产品落入竞争者的专利保护范围。

2018年4月，广州知识产权法院对格力诉奥克斯的三起专利侵权纠纷作出一审判决，认定奥克斯侵犯了格力的三项实用新型专利权，判决奥克斯立即停止侵权，并赔偿格力经济损失及维权合理支出共计4600万元。其中，仅空调机室内机的一项实用新型专利的赔偿金就高达4000万元。与此同时，法院判令奥克斯立即销毁库存侵权产品及制造侵权产品的专用模具。案件判赔额之高，惩处之严厉，刷新了家电

行业的专利侵权纠纷的纪录，引发广泛关注。

事实上，近两年家电行业的专利侵权纠纷不断，此前格力、美的、奥克斯之间都曾爆发专利侵权诉讼，索赔额均超过百万元，甚至高达数千万元。2017 年年底，海信在北京和青岛两地法院同时对夏普提起有关 LED 电视和背光控制电路的发明专利权侵权诉讼，请求法院判令夏普赔偿经济损失 1 000 万元。该事件一度引起热议，更是牵出海信、夏普两家家电行业龙头企业之间的跨国品牌授权合作纠纷，以及夏普在美国对海信提起的专利侵权诉讼。

小家电领域同样存在高额赔偿的专利侵权纠纷。2015 年，北京知识产权法院对珠海金稻电器、北京丽康富雅商贸公司侵犯松下电器株式会社的美容器外观设计专利权一案，做出经济损失和合理支出共计 320 万元的侵权赔偿判决。2016 年，在合肥荣事达小家电有限公司与图们惠人电子有限公司之间的三起针对榨汁机发明专利的侵权纠纷中，北京市高级人民法院二审维持原判，判定荣事达公司构成侵权，赔偿经济损失 155 万元，并支付图们惠人电子有限公司为制止侵权所支付的合理开支。

传统家电行业频发高额索赔的专利侵权诉讼，一方面反映了家电行业激烈的市场竞争；另一方面也反映了家电行业的竞争正在由渠道竞争转向创新竞争。渠道竞争中，各家企业重视的是销售，强调销售网络的分布和营销系统的辐射力，因此特别重视销售团队的建设。转入创新竞争后，企业重视的是产品的创新，强调产品差异化、服务对象细分化，以及产品品质的提升，因此更加重视获取和保护专利权，重视自身研发能力的培养。

由渠道竞争转向创新竞争是家电行业向高附加值转变的一个标志，也是 B2C、B2B 等电子商务模式发展的一个必然结果。与此同时，知识产权保护环境的不断优化，增加侵权成本、降低维权成本的司法政策也从根本上提高了专利的实际价值。对家电企业来说，必须适应这个变化，重视创新，重视获取和保护自己的专利权，同时避免自己的产品落入竞争者的专利保护范围。

从渠道竞争转向创新竞争必然带来新的市场格局的变化，也会带来新的市场机遇。特别是随着互联网＋和人工智能技术与家用电器的结合，智能家居设备、智能家居平台的推广指日可待，这些都要求传统家电行业必须重视创新。

从企业生存和发展的角度分析，随着专利技术等知识产权的作用日益显著，越来越多的家电企业在商业竞争中会考虑针对竞争者的核心知识产权提起诉讼。在某些场合下，专利诉讼已成为商业竞争的一种表现形式，或者说成为商业谈判的一种延续，双方一边谈判一边诉讼，可能以停止侵权和高额赔偿的判决来划分市场格局，也可能还未等到判决，就通过专利交叉授权许可达成彼此都能接受的结果。

鉴于专利侵权诉讼对传统家电行业的重要性越来越大，这就要求家电企业必须做到：第一，要确保自身知识产权的稳定性，重视核心专利的质量，培育真正的"杀手锏"，以免在专利诉讼中所持有的专利被对方无效；第二，要善于利用法律手段配合企业市场竞争，要意识到知识产权和企业发展密切相关，与企业所处的行业、该行业的发展阶段、竞争态势密切联系，因而要把知识产权事务纳入企业整体经营战略中进行谋划。

三、如何应对专利非实施实体的海外诉讼

随着"走出去"战略的实施，中国企业在海外遭到 NPE 的跨国专利侵权诉讼呈现高发态势，此类诉讼已经成为中国企业有效进入国际市场的掣肘。

2018 年 4 月，长虹收到德国最高法院驳回意大利 Sisvel 公司复审请求的法院通知，一场长达 7 年的专利侵权诉讼以长虹的胜利宣告结束。

作为一家典型的 NPE，Sisvel 与长虹之间的纠葛甚至可以追溯到 12 年前。2006 年，Sisvel 与长虹就 MP3 音频专利接洽谈判，并于 2008 年达成许可协议。2009 年，Sisvel 以 ATSS 和 WTSS 专利池要求与长虹进行授权谈判，长虹认为自己的产品并未使用上述专利，双方未能达成一致。于是，2011 年，在德国柏林国际消费电子展（International Funkausstellung Berlin，IFA）期间，Sisvel 以专利侵权在德国起诉长虹，要求长虹在德国境内停止销售并赔偿损失。该案在德国的两审中，法院均判决长虹胜诉，Sisvel 依旧不服，申请德国最高法院复审。德国最高法院于 2018 年 4 月 18 日驳回 Sisvel 的复审请求，正式为这场跨国专利侵权诉讼划上句号。

随着"走出去"战略的实施，中国企业在海外遭到 NPE 的跨国专利侵权诉讼呈现高发态势，这些 NPE 所掌握的专利主要集中于电子设备、无线通信网络和数字通信技术领域，而这些领域也正是中国高科技产品出口集中的技术领域。

2014 年，Unwired Planet 公司在英国起诉华为专利侵权，涉及六件专利，其中五件属于 2G、3G 和 4G 通信网络的技术标准必要专利。2016 年，英国最高法院判决华为侵犯了 Unwired Planet 公司的专利。Unwired Planet 是一家拥有超过 2 000 件专利的 NPE，其大部分专利从爱立信公司收购。2014 年之前，华为一直向爱立信缴费以获得专利授权许可，Unwired Planet 收购相关专利后，将许可费大幅度提高，据报道许可费率超过此前的数十倍，华为拒绝了这个价格，因而导致后续的诉讼。

面临类似遭遇的还有小米和腾讯。2015 年，小米 4 获得美国联邦通信委员会（Federal Communications Commission，FCC）认证，尚未正式进入美国市场之际，就被 Blue Spike 以侵害其所拥有的数据保护方法与设备的专利为由在美国提起专利侵权诉讼。Blue Spike 是近年美国专利诉讼非常活跃的 NPE，先后起诉过华为、Google、Yahoo 等数十家公司，也因专利诉讼获得不菲的回报。为了应对 NPE 的专利阻截，此后小米公司陆续向博通、英特尔、微软、诺基亚等通信产业巨头收购专利，但由于专利保护期和保护领域等问题，小米一直没有摆脱专利侵权困扰。直至 2018 年，在小米公司准备香港联交所 IPO 的招股说明书中，仍然披露出存在"尚未全面了结"的专利诉讼和索偿，"日后亦可能牵涉新索偿"。

2016 年，在腾讯规划海外市场拓展时，也曾被一家名为 Uniloc 的澳大利亚 NPE 在美国提起专利侵权诉讼，理由是"微信"中的语音和视频群聊功能侵犯了 Uniloc 的与电话会议系统相关的两项专利。

由此可见，NPE 在海外市场发动的专利侵权诉讼已经成为中国企业有效进入国际市场的掣肘。此次长虹公司应对 NPE 海外专利侵权诉讼的胜利，在企业商业战略和应对策略方面，有以下三点值得中国企业学习。

首先，在产品设计和经营活动中，尊重知识产权，主动寻求专利授权许可，培养海外市场的良好声誉。针对 MP3 音频专利，长虹因其产品需要使用相关专利，因而与 Sisvel 达成许可协议，避免成为 Sisvel 攻击的对象。在 2008 年德国 IFA 展会开幕式当天，中国、韩国及欧洲的多款使用 MP3 音频专利的产品遭到查封，长虹是唯一没有被查封的参展中国彩电企业，由此在德国市场树立了良好的声誉。

其次，面对专利侵权诉讼威胁，绝不退缩，积极应对；面对以法律诉讼为要挟的高额专利许可要价，绝不做出无原则的妥协。以专利侵权诉讼作为要挟，动辄提出高昂的授权许可费或和解金，是 NPE 常见的手段，也是从事实体研发和生产企业面临的困扰。在长虹与 Sisvel 的纠纷中，Sisvel 最初也是以相关专利池向长虹施压，要求进行专利授权谈判。长虹团队在分析认为自己的产品并未使用对方声称的专利后，没有向 NPE 的诉讼要挟妥协，而是组织包括德国专家在内的专业团队积极应对。

最后，防微杜渐，提前准备知识产权侵权应对预案，特别是在参加国际展会前，做好相关国家的专利法律情况检索和相关法律服务机构信息储备。正因为准备有相关应对预案，2011 年德国 IFA 展会期间在面对 Sisvel 突如其来的专利侵权诉讼时，长虹能够第一时间启动预案，由专人负责指挥团队工作，并能够迅速选择一家德国律师事务所，在规定时间内完成答复并递交应诉文件，避免了因为"人生法不熟"导致不能按时完成法律诉讼程序，为后续的胜诉做好了铺垫。

四、如何保障专利药品公平使用

药品开发和上市过程长，资金投入大，单纯依靠市场激励机制，将会导致健康权由市场定价，使得部分人群丧失基本的健康保障。药品专利所涵盖的不仅是私人利益分配问题，也是政治问题。

在所有关于社会公平的讨论中，疾病、药品与健康都是无法回避的话题。1946 年《世界卫生组织章程》是第一份提出健康权的国际文件，此后《世界人权宣言》及多个区域人权法律文件和许多国家宪法都将健康权作为最基本的人权。落实健康权，首先要确保公众能够非歧视地获得基本药物。

（一）药品专利事关利益重大

基本药物是指那些满足人群卫生保健优先需要的药品，在一个正常运转的医疗卫生体系中，基本药物在任何时候都应以个人和社区所能承受的价格充足供应。确定基本药物应考虑患病率、安全性、药效以及相对成本效益。世界卫生组织专家通过循证方法编写基本药物清单，供各国根据本国需要进行选择。基本药物清单每两年修订一次，1977 年，首份清单确定 208 种基本药物；2013 年清单涵盖 583 种药物，除用于治疗疟疾、艾滋病等传染性疾病，最新的基本药物越来越多地关注到非传染性疾病，包括心脑血管疾病、癌症、慢性呼吸道疾病和糖尿病等慢性病的治疗。

由于药品的价格受专利影响，增加新的基本药物通常需要等到药品专利期届满、进入仿制药大规模生产阶段。例如，新一代抗精神病药物利培酮因不良反应较轻，在 1998 年上市四年后即有专家建议将其纳入基本药物清单。但是，由于当时该药仍处于专利保护期内，价格昂贵，被拒绝列入清单。2008 年专利到期后，利培酮及其仿制药的价格大幅度下降，目前利培酮固体口服制剂已被列入基本药物清单。

由于药品开发和上市的过程漫长，且资金投入大，如果单纯依靠市场激励机制，费用最终会转嫁到消费者身上，一旦维持健康所必需的药品被待价而沽，其所代表的作为基本人权的健康权的价值就被市场所侵蚀，这将导致健康权由市场定价，使得部分人群丧失基本的健康保障。因此，药品专利所涵盖的不仅是私人利益分配问题，也是政治问题。

为确保健康资源的公平分配和利用，2001 年 WTO 第四次部长级会议通过的《多哈宣言》对《TRIPS 协议》所规定的药品专利权进行了限制。《多哈宣言》第四条阐明，"《TRIPS 协议》没有也不应当妨碍成员国为维护公共卫生而采取措施"；因此"协议能够也应当以一种有助于成员国维护公共卫生，特别是促进所有的人获得医药的方式进行解释和实施"。

（二）强制许可降低药品价格

《多哈宣言》第五条针对《TRIPS 协议》第三十一条对"未经权利人授权的其他使用"即强制许可制度进行澄清，规定 WTO 各成员都"有权批准强制许可，并且可以自由决定准予强制许可的理由"。这就消除了一个误解，即认为强制许可只能在国家紧急状态才能使用。根据《多哈宣言》，政府机构颁发强制许可，不必以首先与专利权人协商获得自愿许可为前提。《多哈宣言》列举的紧急状况涵盖公共健康危机，包括与艾滋病病毒/艾滋病、结核病、疟疾和其他传染病有关的危机。我国《专利法》第四十九条规定，"在国家出现紧急状态或者非常情况时，或者为了公共利益的目的，国务院专利行政部门可以给予实施发明专利或者实用新型专利的强制许可"，这其中包括爆发大规模疫病的情况。

2007 年，由于与默克制药公司谈判未果，巴西对抗逆转录病毒药依非韦伦颁发药品专利强制许可。巴西政府表示，38% 的巴西艾滋病患者正在服用这种药品，颁布强制许可预计可以使得该药的单价从每片 1.59 美元降至每片 0.45 美元。除巴西外，泰国、马来西亚、厄瓜多尔和印度尼西亚都曾对治疗艾滋病的药物颁发强制许可。

强制许可并不限于解决传染性疾病或公共健康紧急状况。2006～2008 年期间，泰国对多个药品宣布政府使用，包括心脏病药品氯吡格雷和抗癌药品来曲唑、多西他赛和厄洛替尼。2012 年年初，印度颁发了首个药品强制许可，允许本国仿制药厂商 Natco 公司生产拜耳公司拥有专利权的抗癌药物索拉非尼。根据印度专利法，专利权人应当尽最大可能在印度合理使用专利。拜耳公司向印度出口索拉非尼，但并没有在印度国内生产。Natco 公司曾在 2011 年 12 月向拜耳公司申请生产该药的许可，遭到拒绝。Natco 公司据此声称其申请符合印度专利法中规定的适用强制许可的所有情形，即公众对于该专利的合理需求未得到满足、公众不能以合理的价格获取该专利、该专利未在印度领土范围内使用。印度知识产权局认同上述理由，因此签署了强制许可。事实上，在一些国家和地区，即使没有真正授予强制许可，强制许可制度所产生的议价能力也可作为专利药品谈判的筹码。

（三）权利用尽和平行进口影响药品价格

权利用尽是指知识产权权利人在同意首次销售之后，不能再阻碍进一步的分销和再销售。在此情况下，认为权利人"用尽"了对这些商品的权利。根据权利用尽的区域范围，可以分为国际用尽、国内用尽和地区用尽。平行进口是指首次投放到另一个国家的产品，不经由专利权人授权的渠道进口，而是通过另一个渠道进口。选择在什么区域范围内专利权用尽，决定了专利权人在何种程度上可以阻止从另一国市场进口。因此，权利用尽制度决定了平行进口是否合法，决定能否从价格更低的国家或地区进口药品，对专利药品销售具有重要影响。

选择国际用尽意味着经权利人同意在世界上任何地方首次销售之后，该商品的专利权就被用尽，因此权利人不能阻止从价格更低的国家进口专利药品。截至2010年，约20个国家在其本国法中采用专利权国际用尽制度，包括阿根廷、中国、哥斯达黎加、埃及、印度、肯尼亚、南非以及《卡塔赫纳协定》的各方（玻利维亚、哥伦比亚、厄瓜多尔和秘鲁）。

选择国内用尽意味着权利用尽的适用仅限于首次销售发生在本国地域之内。在该制度下，专利权人的权利用尽仅限于其同意在国内上市的产品，从而使得权利人可以阻止平行进口。约有40个国家采用国内用尽制度，包括巴西、马来西亚、墨西哥、摩洛哥、泰国、突尼斯和土耳其等。美国专利法并未对权利用尽作明确规定，在案件处理时国际用尽和国内用尽标准均有采用。

选择地区用尽，意味着首次销售不限于本国，还包括整个地区，因此本地区内不能反对平行进口。采用地区用尽标准的主要包括欧盟成员国、欧洲经济区（European Economic Area，EEA）和非洲知识产权组织成员国等。

《多哈宣言》给予WTO成员对权利用尽制度做出不同选择的自由，各国可以根据自身需求，选择适合自身发展的标准，以更好的服务于本国政策目标。这使WTO成员可以在国家、地区或国际标准间做出选择，意味着WTO成员可以自行决定是否允许平行进口专利药品。在很多国家，知识产权法律并没有明确规定权利用尽或采取何种标准，而是将其留给法院和专利行政部门在实践中根据个案裁决。但是，由于《多哈宣言》并无具体的法律条文，必须将《多哈宣言》规范的内容纳入本国知识产权法律，或者写入双边或多边的知识产权或贸易协定中才能加以落实。一些发展中国家由于同发达国家签署自由贸易协定，或因各种双边谈判的压力，引入比《TRIPS 协议》更严格的知识产权规则，这些超 TRIPS 条款有可能限制甚至阻止药品平行进口。

即使在采用国际权利用尽标准的国家，由于存在药品市场准入制度，如果某种药品没有获得进口国相应的市场准入，那么尽管平行进口本身是被允许的，该药品（成分相同，但剂型、规格或包装不同，属于不同药品）也不得进口和销售。另外，平行进口的原因通常是国家或区域间的价格差异，这就需要建立差别定价制度，即同样的药品在发达国家价格高，发展中国家价格低，对市场进行细分，避免低价药品进入高价市场，使发展中国家可以从差别定价中获益。

五、如何以最接近现有技术为起点判断发明的创造性

本书作者就京东方专利复审无效案件接受《中国知识产权报》记者侯伟采访。采访报道刊登于《中国知识产权报》2018 年 7 月 4 日第 11 版《京东方被驳回核心专利申请缘何"复活"？》。

新闻事件

京东方科技集团股份有限公司是国内知名的物联网技术、产品与

服务提供商，背光模组及相关液晶显示器件技术是其核心业务，产品广泛应用于手机、平板电脑、笔记本电脑、显示器等众多领域。据了解，截至 2018 年 6 月底，其在国内提交的专利申请总量达 2.3 万多件，仅涉及背光模组主题的国内专利申请量就高达 1 500 多件。

2014 年 11 月 21 日，京东方科技集团股份有限公司、北京京东方显示技术有限公司（以下统称京东方公司）向国家知识产权局提交了一件名为"一种背光模组及液晶显示器件"的发明专利申请。经实质审查，国家知识产权局相关审查部门于 2017 年 2 月 16 日发出驳回决定，驳回了该申请。京东方公司不服驳回决定，于 2017 年 4 月 28 日提出复审请求，未修改申请文件。2017 年 10 月 13 日，国家知识产权局专利复审委员会（以下简称专利复审委员会）经审理后做出第 131807 号复审决定，撤销上述驳回决定。

记者采访：您是怎么看待这个复审决定的？

回答：该复审决定反映了对创造性的准确理解。创造性是指与现有技术相比，该发明具有突出的实质性特点和显著的进步。创造性的判断需要站在本领域技术人员的角度理解权利要求请求保护的技术方案和最接近现有技术公开的技术方案，认定两者之间的区别特征，理解发明的技术本质。同时，在创造性判断中，如果发明的起点是对最接近现有技术的技术方案与其他现有技术结合而得到，还要分析本领域技术人员是否有动机需要以此为起点去结合其他现有技术文件公开的技术手段来获得请求保护的技术方案。

结合本案的情况，如果请求保护的技术方案与最接近现有技术公开的技术方案相比较，后者没有公开前者的区别技术特征，并且没有证据证明区别技术特征是本领域常用的技术手段，也不存在任何启示可以使本领域技术人员在最接近现有技术的技术方案的基础上通过合乎逻辑的分析、推理或结合本领域常用技术手段或公知常识可以得到请求保护的技术方案，那么请求保护的技术方案在最接近现有技术的基础上结合本领域的常用技术手段就不是显而易见的，应该符合专利法要求的创造性。这里就看出对于创造性的理解，站在本领域技术人员的角度来理解发明构思非常重要。

记者采访：您认为这个复审决定对行业有什么影响？带来哪些启示？

回答：本案有两点启示作用：第一，在对某些技术问题存在比较严重的认识分歧时，如何站在本领域技术人员的角度公允地评价所申请保护技术方案的创造性。在该案复审的前置审查程序中，相关审查部门维持原驳回决定，京东方公司提出复审请求，也未修改申请文件。这就说明发明人和专利审查部门之间对所申请技术方案是否具有创造性存在较大的认识分歧。在这种情况下，站在本领域技术人员的角度来理解发明构思非常重要。

第二，拥有核心技术对于企业发展，甚至某一行业发展的重要性。涉案专利技术涉及液晶显示器面板的背光模组。从成本来看，背光模组在液晶显示器面板中所占比例较高，国内的液晶显示器领域存在"缺屏"现象，大部分利润被海外的面板厂商获取。"新型显示产业"是国家支持的新兴战略产业之一，政府给予了相当的资金、政策支持，京东方公司就是在液晶显示行业发展过程中成长起来的高新技术企业。资金支持、政策支持最终必须落实到核心竞争力的发展中去，其中关键的是拥有核心技术的知识产权、掌握行业的完整技术链和全套工艺。

第六章　商标领域的新问题

本章重点讨论商标领域的新问题，包括以南北"稻香村"之争，讨论老字号商标共存难题；以"东风案"再审判决，讨论如何让商标保护回归初心；针对创新实践中具体问题的探讨，涉及不具有固有显著性特征的标志如何获得显著性；特定历史形成的未注册驰名商标如何保护；使用他人注册商标作为艺名是否侵权；服饰领域如何防范商标侵权风险；将他人注册商标设定为搜索关键词是否构成侵权；历史因素如何影响商标授权确权。

第一节　老字号商标共存难题：南北"稻香村"之争

北稻与苏稻之间商标权纠纷的症结在于商标或商号的使用是否会导致消费者在商品来源上产生混淆和误认。如果希望通过模仿对方品牌形象或淡化两者间差别等手段造成消费者混淆或误认，以此达到获取对方消费者的目的，这种行为必须禁止。换句话说，在老字号的光环之下，也必须有所为有所不为。

2017 年年底，北京稻香村食品有限责任公司（以下简称北稻）以苏州稻香村食品工业有限公司（以下简称苏稻）在糕点类商品上使用"稻香村""稻香村集团"及扇形"稻香村"标识侵犯其商标权为由，向北京知识产权法院提起商标侵权及不正当竞争诉讼，并索赔 3 000 万元。该案再次引发业界对老字号商标的关注。

事实上，近年来围绕老字号的商标权纠纷和反不正当竞争纠纷并不罕见。鉴于老字号历史悠久，常出现多地同一商号和商标并存的情况。法院处理此类案件的基本态度是：尊重历史沿革，承认其各自承载的商誉，允许一定程度的共存。但是，必须强调的是，这里的共存并非简单地以地域划分的共享，而是在保护在先权利的前提下，基于诚实信用原则的共存。虽是共存，但是各自的权利边界必须清晰。

在天津狗不理集团与济南市天丰园饭店商标权纠纷中，山东省高级人民法院二审确认济南市天丰园饭店可以继续使用"狗不理猪肉灌汤包"这一菜名，但是责令其停止在宣传牌匾、墙体广告等其他形式中使用"狗不理"进行宣传。原因在于"狗不理"作为驰名商标，已经与天津狗不理集团之间建立了特定联系，济南市天丰园饭店在宣传牌匾等上使用"狗不理"三个字，容易使消费者误认为济南市天丰园饭店与天津狗不理集团之间存在联营或属于其分店，从而让消费者产生混淆。

类似的案件同样发生在上海鼎丰酿造食品公司与哈尔滨老鼎丰食品公司商标权及不正当竞争纠纷中。黑龙江省高级人民法院二审认为，尽管"鼎丰"与"老鼎丰"在商标形式上近似，但因其在各自经营区域内具有一定的知名度，形成了各自的品牌形象，并不会使相关公众对商品的来源产生误认。因此，法院确认哈尔滨老鼎丰食品公司可以继续使用"老鼎丰"的字号及商标，但是责令哈尔滨老鼎丰食品公司在网站宣传中停止使用"鼎丰"字样，并要求其在企业网站首页刊登消除影响的启示，同时赔偿上海鼎丰酿造食品公司5万元。

上述两个案件都反映出司法裁判中的明确导向，即对于涉及老字号的商标权纠纷，在充分考虑和尊重历史因素的前提下，仍然必须遵守诚实信用的商业道德，维护公平竞争的市场秩序，而这一切的关键就是权利的边界必须清晰。

北稻与苏稻，两者都有无可争辩的悠久历史，都是商务部认定的中华老字号，两者目前也都有各自的注册商标。

苏稻在糕点类产品上注册有圆形"稻香村DXC"商标，如图6-1所示。

图6-1 苏稻圆形"稻香村DXC"商标

北稻则在年糕、豆包、元宵等食品上以 1983 年时任全国人民代表大会常务委员会副委员长胡厥文所题"稻香村"注册商标，并以此为门店牌匾，如图 6 - 2 所示。

图 6 - 2 北稻"稻香村"商标

2006 年，苏稻申请注册了扇形"稻香村"商标（图 6 - 3），北稻提出异议，经国家工商行政管理总局商标评审委员会复议和北京市第一中级人民法院审理，2014 年北京市高级人民法院二审认定苏稻申请的扇形"稻香村"商标与北稻手写体"稻香村"商标构成近似商标，且使用商品为类似商品，法院判决不予苏稻注册扇形"稻香村"商标。2016 年，北稻称苏稻销售带有扇形"稻香村"商标、"稻香村"文字商标以及"稻香村集团"文字商标标识的糕点、月饼、饼干、粽子等商品，由此提起了一系列的法律诉讼。

图 6 - 3 苏稻扇形"稻香村"商标

北稻与苏稻之间商标权纠纷的症结在于商标或商号的使用是否会导致消费者在商品来源上产生混淆和误认。经过长期经营，苏稻和北稻已经形成各自的品牌形象和消费群体，由此形成的市场认知和市场秩序应当得到尊重，各自的权利边界必须清晰。如果希望通过模仿对方品牌形象或淡化两者间差别等手段，造成消费者混淆或误认，以此达到获取对方消费者的目的，这种行为必须加以禁止。

第二节　回归商标保护初心：评"东风案"再审判决

"东风"案再审判决让定牌加工的商标侵权判断回归到商标保护的初心，而不是通过给国内加工企业强加过于沉重的审查义务，来解决国内企业在国外的商标注册和权属争议问题。

2018年年初，最高人民法院发布"东风"案再审判决书，认定"东风"定牌加工不构成商标侵权。判决公布后，引发广泛热议。

在笔者看来，再审判决回归到商标保护的初心，即强调商标的本质属性在于其识别性，商标保护的目的在于避免导致相关公众的混淆误认，要以商标的识别功能或区分功能作为侵权判断的基础。同时，再审判决充分考虑到有关加工贸易的司法政策，做到知识产权保护与实际国情、发展需求相匹配，合理平衡权利人利益、他人合法权益和社会公共利益。

2015 年最高人民法院在"PRETUL"案中，以"不能被认定为商标意义上的使用行为"为由排除了定牌加工行为构成商标侵权。此后，"PRETUL"案的判决理由被广泛采纳，与此同时，也存在质疑。例如，《商标法》中对于"商标意义上的使用"并无明确界定，能否以此作为统一的排除侵权理由？再如，最高人民法院评选的"2015 年中国法院 50 件典型知识产权案例"中，"PRETUL"案和江苏省高院审理的"东风"案同时入选。两个做出相反认定的案件同被列入当年的典型案例，本身就说明最高人民法院并不持有以"PRETUL"案为样本对定牌加工行为一律排除侵权认定的态度。

在"东风"案再审判决中，最高人民法院首先指出，不用于识别或区分来源的商标使用行为，一般来讲不构成商标法意义上的侵权行为。判决没有停留在以不构成"商标意义上的使用"为由排除定牌加工行为构成商标侵权，而是继续对常佳公司在接受委托以及面对权属争议等从事定牌加工业务整个过程中是否履行"合理注意义务"进行论证，在此基础上，认为常佳公司已经履行了审慎适当的注意义务，进而做出不构成商标侵权的认定。

其次，最高人民法院没有简单判断定牌加工给商标权人造成"实质性损害"，而是在经济发展全球化程度不断加深、国际贸易分工与经贸合作日益紧密的大背景下，对特定时期、特定市场的交易形式进行具体分析，以此认为常佳公司从事定牌加工业务对上柴公司在印尼境内基于涉案商标争取竞争机会和市场利益，并未造成实质影响，进而做出不构成商标侵权的认定。

"东风"案再审判决对国内企业如何避免商标侵权纠纷、如何开拓国际市场亦有一定的启示作用。对于从事定牌加工业务的企业，首先，要确保所有定牌加工产品用于出口，不在中国境内销售，不会接触到国内消费者；其次，要做到合法委托、手续完备，在接受委托前应该对产品所涉及的商标、专利等知识产权状况进行必要的了解和审查，要求委托方提供相关证明文件，也可以利用知识产权海关保护备案系统进行查询。需要指出的是，对加工企业的审查注意义务应该以必要为限，即只要加工方审查了委托方的合法资质和商标权属证明，充分关注了委托方的商标权利状态，就属于履行了必要的审查义务，而不应要求加工企业审查委托方取得商标的合法性和正当性等问题。

对于希望开拓国际市场的企业而言，首先，要树立商标布局意识，针对国外目标市场，及时进行商标申请；其次，针对所持商标在目标国已经被在先注册或被抢注的情况，要积极寻求通过谈判、律师警告函、诉讼等途径加以解决。如果确实无法获得商标权，可以尝试注册新商标，通过广告宣传和产品品质，重新构建消费者对新商标的区分功能的认可。归根结底，满足公众需求的"并非商品标识本身"，"而是其指示或承载的商品及其良好品质"。

综上所述，本书作者认为，"东风"案再审判决让定牌加工的商标侵权判断回归到商标保护的初心，而不是通过给国内加工企业强加过于沉重的审查义务，来解决国内企业在国外的商标注册和权属争议问题。中国企业想要真正走出国门，根本上还是要熟悉和运用国际规则，在国际市场的不断历练中提升能力，做强、做优、做大。

第三节　创新实践问题的探讨

一、不具有固有显著特征的标志如何获得显著性

本书作者就晨光乳业与温氏乳业"供港"商标纠纷接受《中国知识产权报》记者侯伟采访。采访报道刊登于《中国知识产权报》2017年12月20日第8版《"供港"商标欲阻止温氏供港》。

新闻事件

2017年10月，晨光乳业发表声明称，温氏乳业包装擅自使用"供港鲜牛奶制造"标志，其"供港"二字与晨光乳业"供港"商标完全相同，要求温氏集团立即停止侵权，并赔偿相关损失3 305万元。而温氏方面则向国家工商行政管理总局商标评审委员会（简称商评委）发起申诉，要求认定晨光"供港"商标为无效。

目前内地共有1 700多家供港企业，而业内对于"供港"商标一直存在争议。有供港企业认为，"供港"一词起源于20世纪60年代国家组织的供港快车，属于业内的指代俗称，如果归属于一家企业独占，有违行业公平。

记者采访：温氏乳业使用"供港"是否构成侵权？

回答：尽管晨光乳业已经成功在第29类（肉、蛋、酸奶、牛奶

等）、第32类（啤酒、矿泉水、汽水等）上注册"供港"商标，但是鉴于"供港"在业内被认为是供应香港的简称，因此如果"供港"两个字是作为奶源品质的描述性使用则不能认为构成商标权侵权。

温氏乳业作为具有向香港出口鲜牛奶资质的备案企业，在自己生产的乳品包装上有自己的商标，同时标明"供港鲜牛奶制造"，这里供港两个字属于对奶源的描述，也可以认为是对产品品质和特点的描述，不能因为出现了"供港"两个字就一概认为构成侵权。

记者采访："供港"商标是否可能被无效？

回答："供港"两个字的产生具有一定的历史渊源，在业内已经成为对"供应香港"的约定俗成的简称，也可以看成是对商品质量和特点的某种描述。因此，作为商标，"供港"两个字的固有显著性不够。但是，这并不意味着对"供港"商标的无效宣告申请就一定能够获得商标评审委员会的支持。

此前，在"六个核桃"商标无效宣告案中，申请人称："六个核桃"商标使用在无酒精饮料等商品上，仅仅直接表示了使用商品的主要原料等特点，请求撤销该商标。但是，商评委在审理后认为，"六个核桃"商标通过广泛宣传和使用，包括聘请形象代言人、投放广告进行大量宣传，并被认定为地方知名商品等，已经能够起到区分商品来源的作用，取得了商标应有的显著特征。因此，商评委裁定对"六个核桃"商标应予维持注册。

也就是说，对于不具有固有显著特征的标志，如果商标使用人能够提供证据证明该标志通过长期的宣传使用等，达到了相关公众能够通过该标志对商品来源加以识别的程度，则可以认定该标志已获得了显著性。

因此，目前面对温氏乳业的商标无效申请，晨光乳业的律师就需要在这方面下功夫，以证明"供港"两个字已经通过宣传和使用在消费者心中建立了某种联系，通过"供港"就能够联想到晨光乳业。换句话说，"供港"两个字已经达到了让消费者对其来源加以识别的程度。如果可以做到这一点，晨光乳业的"供港"商标就可能继续维持。

二、特定历史形成的未注册驰名商标如何保护

本书作者就"新华字典"商标权纠纷接受《中国知识产权报》记者侯伟采访。采访报道刊登于《中国知识产权报》2018 年 3 月 7 日第 9 版《〈新华字典〉拒他人打"擦边球"》。

新闻事件

2018 年 2 月，北京知识产权法院审结原告商务印书馆诉被告华语教学出版社侵犯商标权及不正当竞争纠纷一案。法院判决被告华语出版社立即停止涉案侵害商标权及不正当竞争行为，在《中国新闻出版广电报》等相关媒体上刊登声明，消除影响，赔偿原告商务印书馆经济损失 300 万元及合理支出 27 万余元。

记者采访：您怎么看新华字典商标纠纷？

回答：该案涉及如何对特定历史时期由国家行为推动而形成的，包含产品或服务名称，但同时已经起到区分商品或服务来源，并在相关消费者中形成稳定认知联系的标识进行定性。这些标识，一方面已经具有了商标的显著性特征；另一方面标识中又带有商品通用名称的痕迹。

例如，在本案中，被告华语教学出版社认为，结合《新华字典》诞生的特殊历史背景，"新华"指代"新中国"，"新华字典"是指新中国成立后，适用于我国的汉字工具书，因此，"新华字典"已成为约定俗成的辞书通用名称。因此，根据原告提出的诉讼请求，本案商标权纠纷部分有两个关键点：第一，"新华字典"是否已经成为约定俗成的辞书的通用名称？第二，"新华字典"能否可以作为未注册驰名商标加以保护？

关于商品通用名，类似的情况也曾出现在"新华书店"的商标申请过程中。1995 年新华书店总店曾经申请"新华书店"作为服务商标注册，据报道，当时商标局的答复是：该标识不得注册为商标，原因是"书店"二字是企业名称，不在注册范围之内，而"新华"二字已有人注册在先。

之后，发现"新华书店"的毛体、楷体、汉语拼音及英文等已经在美国被注册商标，商标权人是一位美籍华人，他以在美国的商标权为对价寻求与新华书店总店进行合作，并要求 10% 的股份。为了避免类似国外抢注事件再次发生，新闻出版署指示新华书店总店首先在国内将"新华书店"注册商标，再到境外特别是华人居住密集的国家和地区进行注册。1997 年新华书店总店再次申请注册时，申请再次被驳回，理由与 1995 年相同。之后，申请人对驳回决定提出复议，1998 年商标评审委员会在对新华书店的历史地位和特殊性考察后，做出了对"新华书店"商标予以注册的裁决。

"新华书店"和"新华字典"这两个案例反映出，对待类似有特定历史起源的标识，在判断是否可以作为商标进行注册或提供保护时，重点考察是否具有商标的显著性，也就是说是否能发挥区别商品来源的作用。如果相关消费者已经可以将载有某个标识的产品对应于特定的产品或服务的提供者，就可以证明这个标识具有指示商品或服务来源的功能，具备显著性。因此，"新华书店"和"新华字典"均具备商标的显著性。

记者采访：类似"新华字典"商标纠纷之前有过吗？如果有，可否举例说明？

回答：本案的另一个焦点就是对于未注册驰名商标的保护。商标权的客体是商誉，也就是经营者通过对商标的使用在商标标识上所累计的商业信誉。商标法所要保护的绝不是单纯的标识，而是这个标识背后凝结的经营者的商业信誉。因此，对于驰名商标，即使没有注册也应当获得相应的保护。相反地，对于已经注册的商标，如果没有正当理由连续三年不使用，也可以被申请撤销。

本案中，北京知识产权法院认为，"新华字典"构成未注册驰名商标。在此前的商标纠纷中，法院和商标评审委员会都曾经认定过一些未注册驰名商标。

216

例如，四川苏富比拍卖有限公司与（英国）苏富比拍卖行（SOTHEBY's）侵犯商标专用权纠纷案。该案中，北京市二中院认为，苏富比拍卖行的"苏富比"商标构成在拍卖服务上的未注册驰名商标，因此，四川苏富比公司在拍卖服务上突出使用"苏富比""四川苏富比""中国蘇富比""蘇富比及图""中国苏富比拍卖"等字样，实际起到了区分服务来源的商标功能，容易导致相关公众将其服务误认为属于苏富比拍卖行所提供的拍卖服务，构成侵犯苏富比拍卖行"苏富比"未注册驰名商标权。2008年8月北京市高院做出二审判决，维持原判。

再如，广州酷狗计算机科技公司与汕头市利丰电器公司之间就"酷狗"商标的权属纠纷。2009年起，利丰公司先后对"Ku Gou 酷狗"及相关词语组合提出多个商标的注册申请。2014年，广州酷狗公司对"Ku Gou 酷狗"向商评委提出无效宣告请求。商评委经审查认定，"酷狗"为酷狗公司提供在线音乐服务的未注册驰名商标，"Ku Gou 酷狗"属于复制、摹仿或者翻译他人未在中国注册的驰名商标，因此，对利丰公司的注册"Ku Gou 酷狗"商标宣布无效。

利丰公司不服商评委裁定，随后向北京知识产权法院提起行政诉讼。该案二审北京市高院认为，酷狗公司的"酷狗"商标在提供在线音乐（非下载）服务上已经达到广为公众知晓的驰名程度，构成未注册的驰名商标。同时，诉争商标的核定使用范围与提供在线音乐服务有一定的关联性，易使相关公众认为其提供者与酷狗公司之间具有许可使用、关联企业关系等特定联系，进而产生混淆。因此，2017年3

217

月，北京市高院二审驳回了利丰公司的请求，即维持商评委对"Ku Gou 酷狗"商标宣布无效的决定。

记者采访：随着品牌价值的市场化程度与日俱增，在社会上逐步营造了注重商标保护的良好氛围。在各种畅销商品和服务的商标受到高度重视的同时，与每个人读书求学息息相关的辞书作品商标却鲜有人关注。您认为原因是什么？该如何防范商标侵权风险？

回答：这涉及对于文化产品的商标保护。不同于一般的物质消费，对于文化产品，商标所具有的区分功能体现得更为显著，影响也更加深远。消费者看重的是商标背后文化产品提供者所代表的品质，这种品质通常是隐形的，是长期的学术积累和文化品位的体现。比如，"新华字典"背后所代表的是对文字含义精确性的保证。因此，对于文化产品的商标保护不仅体现了对商标权人利益的尊重，同时也是对文化产品质量的保证。

目前越来越多的文化企业开始重视对于自身品牌的保护。例如，译林出版社致力于外国文学、人文社科等领域的图书出版，"译林"两个字所代表的就有对于翻译质量的保证，以及对外国文学作品欣赏品位的认可。江苏译林出版社有限公司目前已经在印刷品、期刊、办公文具、教育、译制、文化或教育展览等领域注册"译林"商标，可以说围绕相关产品和服务进行了比较全面的商标保护。类似的还有生活·读书·新知三联书店有限公司对"三联书店"也在相关的产品和服务领域进行了商标注册。

三、使用他人注册商标作为艺名是否侵权

本书作者就 PG ONE 使用"万磁王"是否侵权接受《新京报》实习生叶彬彬采访。采访报道刊登于"新京报 Fun 娱乐"公告号 2017 年 9 月 7 日推送《PG ONE 用"万磁王"究竟侵权吗?》。

新闻事件

漫威圈和嘻哈圈原本是两个平行的娱乐空间,2017 年 9 月,因为"万磁王"这个关键词产生了交集,双方粉丝为争夺这一称号开启了一系列的唇舌之战。

PG ONE(出生于 1994)是一名嘻哈歌手,因参加《中国有嘻哈》综艺一夜间爆红,在各大节目中,皆提到自己绰号叫作"万磁王",给人留下深刻印象,在为雅诗兰黛、麦当劳等代言活动中,都使用了"万磁王"的称号。而"万磁王"是出现在美国漫威漫画出版物中的虚构人物,初次登场于 1963 年刊登的《X 战警》。漫威早在 2007 年就取得"万磁王"的商标权,因此一大批粉丝抗议,认为 PG ONE 侵权。

记者采访:使用"万磁王"名字进行商演是否构成商标侵权?

回答:漫威公司(MARVEL CHARACTERS,Inc.)已经在第 41 类教育娱乐上注册"MAGNETO 万磁王"商标,其中核定使用的服务项目包括组织表演(演出)、娱乐等小类。"MAGNETO 万磁王"属于由文字和字母两种要素构成的组合商标,"万磁王"与上述商标的中文部

分完全一致，如果 PG ONE 使用"万磁王"的名字进行商业性表演、演出，就需要考察这种使用是否会导致观众对演出提供者产生误认，如以为演员属于漫威公司或者和漫威公司存在某种关联。

在判断是否可能导致观众误认时，首先，需要考虑"MAGNETO 万磁王"商标的知名度。PG ONE 是嘻哈歌手，这就需要考察喜欢嘻哈曲风的听众或观众对于漫威漫画的认知度。如果喜欢嘻哈曲风的群体和喜欢漫威漫画的群体重叠度非常高，则可以认为"万磁王"这个名字在 PG ONE 表演所针对的观众中具有很高的认知度，会导致观众认为演员属于漫威公司或者和漫威公司存在某种关联。其次，还需要考虑观众的认知度和注意力。PG ONE 自身的形象和漫威动画中的"万磁王"相差甚远，除了名字相同，一个漫威动画迷应该很难将 PG ONE 和"万磁王"两者产生关联。因此，不能简单得出能够导致观众误认的结论。

如果能够证明这种使用会导致观众的误认，则可以认为 PG ONE 使用"万磁王"演出与"MAGNETO 万磁王"构成商标相似，那么，未经授权使用"万磁王"名称进行商演构成商标侵权。但是，在现有材料的基础上，尚不能得出以上结论。

记者采访：下图中万磁王的"红叉"和雅诗兰黛的"红叉"（图 6-4）引起网友联想，觉得是侵权行为，您觉得呢？

图6-4 雅诗兰黛海报上的"红叉"与漫威动画万磁王的"红叉"

回答：这里涉及著作权侵权和角色商品化的问题。角色商品化是指使用与商品相联系的角色的某些人格特征，利用角色对消费者的吸引力，使消费者产生购买商品的欲望，也就是说利用角色的吸引力向消费者促销商品，如在儿童文具和餐具上印有迪士尼的卡通形象。

从提供的两张图片来看，漫威动画万磁王的"红叉"和雅诗兰黛海报上PG ONE身上的"红叉"相差甚远。目前看来只能说是从广告创意角度有所借鉴，很难认定为著作权剽窃，也很难认定是利用了角色形象进行了促销行为，即目前也很难认定构成不正当竞争。

记者采访：如何界定商用，像有PG ONE的报道、采访、杂志中使用"万磁王"是否侵权？

回答：PG ONE的报道、采访中使用"万磁王"不构成侵权，属于事实描述。如果明知有侵权风险，慎重起见，可以写为自称万磁王的 PG ONE。

粉丝称呼 PG ONE 为"万磁王"不构成侵权，但是漫威公司可以此作为给自己商标"MAGNETO 万磁王"带来侵害的证据，即因为 PG ONE 使用"万磁王"，削弱了原商标"MAGNETO 万磁王"的显著性。目前在很多搜索引擎中输入"万磁王"，搜索结果很多都和漫威动画无关，而是 PG ONE 的介绍，也可以作为此类证据。

四、服饰领域如何防范商标侵权风险

本书作者就 Levi's 双弧线商标侵权纠纷接受《中国知识产权报》记者侯伟采访。采访报道刊登于《中国知识产权报》2018 年 3 月 21 日第 10 版《双弧线商标引发侵权纠纷》。

新闻事件

2018 年 3 月，因认为北京联合华美商业管理有限公司和广州圣联服装有限公司未经授权许可擅自在同类产品上使用与其注册商标相同或相似的商标，商标权利人利惠公司（全称 Levi Strauss & Co.）以侵害商标权纠纷为由诉至北京市海淀区人民法院，要求两被告立即停止生产、销售侵犯原告注册商标专用权的行为，销毁所有库存侵权商品，赔偿原告经济损失及合理开支 30 万元等。

记者采访：您如何看待这起案件？

回答：判断是否构成侵犯商标专有权主要有以下三个方面：第一，

是否经过商标权人的许可；第二，是否属于同一种商品或类似的商品；第三，是否与注册商标相同或近似。在此基础上，判断是否可能导致消费者对商品或服务的来源产生混淆。

根据原告的指控和被告的答辩，第一点和第二点已经基本明确，原告作为商标权人，被告两公司没有获得原告的授权；且被控侵权的产品为牛仔裤，属于原告商标核定使用的商品类别，即属于同类商品。因此，本案的焦点是被告所使用的标识是否与原告注册商标相同或近似，并可能导致消费者对商品的来源产生混淆。

具体而言，后期法院审理的关键包括两点：一是判断标识是否构成相同或相似；二是判断是否可能导致消费者的混淆。

记者采访：您认为目前服饰领域商标侵权的现象多不多？如果多，是什么原因造成的？如何防范风险？

回答：服饰领域是商标侵权的高发领域，本案的原告利惠公司的双弧线商标（图6-5）和口袋五边形整体图形商标（图6-6）就曾多次遭到侵权。另外，像卡尔文公司的"CK"和"Calvin Klein"商标、绫致公司"杰克·琼斯"和"JACK & JONES"商标、哥伦比亚运动服装公司的"Columbia"商标和图形商标等知名服装公司的商标都曾多次陷入商标侵权纠纷。

图6-5　双弧线商标，注册号16970409，第25类服装鞋帽

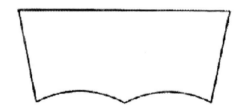

图 6 - 6　口袋五边形整体图形商标，注册号 17381113，第 25 类服装鞋帽

侵权高发的原因，可以从两个方面分析：首先，从消费者选购服装的角度来说，很多消费者看重品牌带来的身份认同感，但是一些知名的服装品牌价格偏高，这时价格低廉的商标侵权产品就有了可趁之机。其次，从侵权的成本来说，产品贴上知名服装公司的品牌就能带来高额利润，被控侵权后的赔偿金额受到举证困难等因素影响通常远低于侵权获得的收益，侵权成本低也导致服装领域的商标侵权屡禁不绝。

防范侵权风险同样需要从两个方面下功夫：首先，从服装企业来说，要增加更多的设计元素，推出创新面料，提高产品质量，确保知名品牌服装的高价格中不仅有品牌因素，更有设计、面料和质量因素，这样也变相增强了消费者选购时的识别能力。其次，从市场监管和司法保护来说，要加大商标侵权的行政执法，在商标侵权诉讼中要酌情加大赔偿金额，特别是对于恶意侵权的情况，如多次被诉或多次受到行政处罚又侵权的情况，或曾经是商标权人的代理商、经销商的情况等，应该处以惩罚性赔偿。提高侵权成本，才能真正打击侵权。

五、将他人注册商标设定为搜索关键词是否构成侵权

本书作者就网易诉天猫不正当竞争纠纷接受《中国知识产权报》记者张彬彬采访。

新闻事件

2018 年 3 月，网易以不正当竞争为由在北京市海淀区法院起诉天猫公司。案件起因是网易旗下有个比价网站"惠惠网"，网易发现在 360 搜索中搜索"惠惠网"时，搜索结果显示的优先结果不是惠惠网及相关链接，而是天猫公司。网易认为天猫在 360 搜索上设定与"惠惠"及"惠惠购物助手"相关关键词的行为使网络用户对服务来源极易产生混淆和误认，影响了网易的运营模式，造成其巨额经济损失。网易因此要求天猫立即停止侵权行为，赔偿经济损失 1 000 万元。

记者采访：这种设置关键词的行为是否构成不正当竞争？

回答：将与他人注册商标相同或近似的文字设定为搜索关键词，利用他人商标的知名度为自己争取交易机会和关注度的行为，违背诚实信用原则和公认的商业道德，构成不正当竞争。

记者采访：涉案行为在何种情况构成侵犯商标权，何种情况不构成侵权？

回答：通常情况下，将他人商标、商号设置为关键词的行为不认为构成商标侵权。但是也有案件中对商标文字的使用位置进行区分，

作为关键词设置推广链接构成侵权，在推广链接标题下作为内容使用则不构成侵权。

例如，上海玄霆娱乐信息科技公司诉杭州乐港科技公司侵害商标权、不正当竞争纠纷 [（2014）浦民三（知）初字第763号]。该案中，对于将对方商标文字作为搜索关键词设置推广链接的情况，主观上具有将其选定的上述关键词作为区别、指示其推广的商品来源的目的，在推广链接的标题、网页标签中突出使用与对方商标相同或相近的字样，具有标识作用，属于商标性使用，构成商标侵权。对于在推广链接的标题下的内容中使用与权利商标相同或相近字样，则属于对推广内容的描述，也非突出使用，故不属于商标使用，不构成商标侵权。

记者采访：据您了解，在业内是否有相关的判例？在业界是否存在争议？其争议点有哪些？

回答：近年来，随着网络搜索的普及，涉及网络关键词的纠纷频发，例如2015年度浙江知识产权十大保护案件宁波畅想软件股份公司诉宁波中源信息科技有限公司和宁波中晟信息科技公司不正当竞争纠纷；上海万得信息公司诉浙江核新同花顺公司商标侵权及不正当竞争纠纷；金夫人公司诉米兰公司、百度公司的商标侵权、不正当竞争纠纷等。

此类案件中主要存在以下两个争议点。

争议点一：将他人商标、商号设置为关键词的行为是否构成商标侵权？通常认为，将他人商标和商号设置为关键词的行为不能起到识别商品来源的作用，并非商标意义上的使用；同时，从行为后果上看，由于搜索结果分别显示，权利人公司的网站或产品链接通常还会列在更靠前的位置，并且被告信息中不会显示权利人的商标和商号标识，因此不会对产品或服务来源产生混淆，不构成商标侵权。

争议点二：将他人商标、商号设置为关键词的行为是否构成不正当竞争？关于这个问题，主要存在以下两种观点。

第一种观点，主要从行为的目的出发，认为将他人商标、商号设置为搜索关键词，通常具有利用对方商誉攫取对方客户资源的主观故意。特别是在某些搜索引擎公司已经在规范性文件中明确要求使用者不得将其他公司的商标、商号、产品名称等信息列入关键词的情况下，仍然这么做，则获取不正当竞争利益的主观故意明显。另外，从搜索结果来看，虽然不影响权利人公司的网站或产品的显示，但是却提高了被告公司网站或产品展现的机率，吸引了客户的注意力，客观上会增加被告网站或产品链接的点击率，存在影响客户后续选择的可能性。因此，认为上述行为具有不当利用权利人公司商誉攫取其客户资源的故意，有悖于诚实信用原则和商业道德，构成不正当竞争行为。

第二种观点，主要从行为的结果出发，认为网络用户具有一定的识别相似商品或服务的能力，特别是在竞价排名推广链接的情况下，不会导致相关公众对服务来源产生误认，或者认为其提供的服务与商标权人有特定的联系。例如，从搜索结果来看，权利人公司的信息通常为自然搜索结果，被告搜索结果旁通常标注有"推广链接"字样，在消费者对竞价排名与自然搜索结果具备基本区分能力的情况下，不会对商品和服务的来源产生混淆误认，因此不构成商标侵权，也不构成不正当竞争行为。

记者采访：您认为惠惠网发起诉讼的原因有哪些？

回答：网络时代，公众几乎完全依赖于搜索引擎进行信息查询，消费者选择商家时也在很大程度上依赖于搜索结果。由于关键词设置是信息定位的一种重要手段，一些商家为了推广自己的产品或服务，将他人的商标、商号和知名商品特有名称等标识设置为自己网站的关键词。这样一来，当消费者搜索该关键词时，自己的网站或产品链接就会出现在搜索结果中，从而将他人的潜在客户吸引到自己的网站。在此背景下，惠惠网作为商标权利人提起诉讼，就不难理解了。

六、历史因素如何影响商标授权确权

本书作者就苏州稻香村申请"北京 稻香村"商标无效宣告行政诉讼接受《中国知识产权报》记者张彬彬采访。采访报道刊登于《中国知识产权报》2018 年 6 月 13 日第 9 版《两个稻香村：划清界限，能否共赢？》。

新闻事件

2018 年 4 月，北京知识产权法院就苏稻诉原商标评审委员会、第三人北稻商标权无效宣告请求行政纠纷案做出一审判决，驳回了苏稻的诉讼请求，维持了商标评审委员会的裁定，即维持"北京 稻香村"

商标权有效。

记者采访：请您分析一下法院的审判思路。

回答：相较于一般的商标权争议，法院的判决中体现在尊重历史基础上的两点特别关注：第一，关注市场秩序和市场格局的稳定；第二，关注消费群体的认知度和识别度。基于此，北京知识产权法院认为，虽然存在商标标志近似、核定使用的商品或服务类似，但在特定历史背景下，各自经过长期使用后，已经形成较为稳定的市场格局，且根据消费者的认知程度，相关公众在市场中可以将争议商标与各引证商标区分开来，因此法院认定争议商标与各引证商标共存不会产生实际的混淆、误认。

这一审判思路实际上也承袭了最高人民法院在（2014）知行字第85号苏稻与商标评审委员会、北稻商标异议复审行政纠纷案中的裁判思路。即对因历史原因形成不同市场主体各自拥有相同字号，以及在同一种或者类似商品上各自拥有相同或者近似商标的情形下，当其中一方主体主张诉争商标系对其字号及在先注册商标的延续时，人民法院审查判断诉争商标是否应予核准注册，除应当依据商标法的规定，亦应尊重历史和现状，尊重业已形成的市场秩序，全面、审慎、客观地考量各种因素，以尽量划清商业标志之间的界限为指针，公平合理地做出裁判。

记者采访：这一判决对苏稻和北稻会产生什么样的影响？

回答：北京知识产权法院的这一判决对于苏稻和北稻之间长期以来的商标权之争有以下两点影响。

第一，苏稻和北稻应该从之前的通过诉讼消灭对方商标权的思维中走出来，商标授权确权的司法审查不仅要保护在先权利，也要尊重历史，维护市场秩序。因此，与其在诉讼中消耗彼此，不如以现有的品牌为依托，强化自身品牌的特色，从而不断发展壮大。

第二，苏稻和北稻都应该尊重对方现有的商标权。经过长期经营，苏稻和北稻已经形成各自的品牌形象和消费群体，应当尊重由此形成的市场认知和市场秩序，不要试图通过模仿对方品牌形象或淡化两者间差别来造成消费者混淆或误认，以此达到获取对方消费者的目的。

参 考 文 献

[1] 彼得·达沃豪斯，约翰布雷斯韦特. 信息封建主义 [M]. 刘雪涛，译. 北京：知识产权出版社，2005：231.

[2] 德霍斯. 知识财产法的哲学 [M]. 周林，译. 北京：商务印书馆，2008：134.

[3] 莱斯格. 思想的未来 [M]. 李旭，译. 北京：中信出版社，2004：95.

[4] 兰德斯，波斯纳. 知识产权法的经济结构 [M]. 金海军，译. 北京：北京大学出版社，2005：380–381.

[5] 维克托·迈尔·舍恩伯格，肯尼思·库克耶. 大数据时代 [M]. 盛杨燕，周涛，译. 杭州：浙江人民出版社，2013：30.

[6] 陈洁. ETS诉"新东方"侵权案评析 [J]. 人民司法，2005 (5)：95–99.

[7] 陈文竹，王婷，郑旭东. MOOC 运营模式创新成功之道：以 Coursera 为例 [J]. 现代远程教育研究，2015 (3)：65–71.

[8] 陈肖庚，王顶明. MOOC 的发展历程与主要特征分析 [J]. 现代教育技术，2013, 23 (11)：5–10.

[9] 董晓霞，李建伟. MOOC 的运营模式研究 [J]. 中国电化教育，2014 (7)：27–32.

[10] 费安玲. 著作权法教程 [M]. 北京：知识产权出版社，2003：59.

[11] 弗朗西斯·高锐. WIPO 总干事 2009 年世界知识产权日致辞 [J]. 中华商标，2009 (4)：5.

[12] 高地. MOOC 热的冷思考——国际上对 MOOCs 课程教学六大问题的审思 [J]. 远程教育杂志，2014 (2)：39 - 47.

[13] 谷德近. 巴厘岛路线图共同但有区别责任的演进 [J]. 法学，2008 (2)：136.

[14] 冀付军，李利聪. 我国发展 MOOC 的推进策略研究 [J]. 中国远程教育，2014 (11)：27 - 32.

[15] 李澈，龙超凡. 慕课如何"打开"教学新方式 [N]. 中国教育报，2018 - 01 - 17 (3).

[16] 李明德，许超. 著作权法 [M]. 北京：法律出版社，2003：155.

[17] 林建成. 国防专利 [M]. 北京：国防工业出版社，2005：16 - 17.

[18] 林秀芹. 中国专利强制许可制度的完善 [J]. 法学研究，2006 (2)：34.

[19] 刘瑛，耿雨亭. 大数据背景下的商业秘密保护 [J]. 北京工业大学学报（社会科学版），2017 (3)：58 - 64.

[20] 罗明通. 著作权法论[M]. 7 版（Ⅰ）. 台北：台英国际商务法律事务所，2009：154.

[21] 乔林，何隽. 大规模开放在线课程实践与现存问题 [J]. 教育研究前沿，2016，6 (4)：138 - 144.

[22] 邱盈翠，黄居正. 公共领域的结构转型——理论变迁与司法实务的观点 [M]//刘静怡，等. 传统智慧与公共领域——原住民族传统智慧创作保护论文集. 台北：数位典藏与学习之学术与社会应用推广计划，2009：256.

[23] 沈仁干，钟颖科. 著作权法概论 [M]. 北京：商务印书馆，2003：67.

[24] 王文礼. MOOC 的发展及其对高等教育的影响 [J]. 江苏高教，2013 (2)：

53 - 57.

［25］韦之. 著作权法原理［M］. 北京：北京大学出版社，1998：61.

［26］杨华权. 搜索条目的著作权侵权风险分析——基于 robots. txt 的讨论［J］. 中国版权，2015（2）：45 - 51.

［27］张雪松. 对侵犯作品修改权、保护作品完整权行为的认识［J］. 人民司法，2005（5）：58.

［28］章忠信. 原住民族智慧财产权之保护［J］. 智慧财产权，1999（12）.

［29］郑成思. 知识产权法：新世纪初的若干研究重点［M］. 北京：法律出版社，2004：10.

［30］郑成思. 知识产权论［M］. 3 版. 北京：法律出版社，2003：64 - 75.

［31］郑成思. 国际知识产权保护和我国面临的挑战［J］. 中国专利与商标，2006（4）：7.

［32］Elizabeth Gadd, Ralph Weedon. Copyright Ownership of E - learning and Teaching Materials：Policy Approaches Taken by UK Universities［J］. Education and Information Technologies, 2017, 22（6）：3231 - 3250.

［33］François Lévêque, Yann Ménière. Technology Standards, Patents and Antitrust［J］. Competition and Regulation in Network Industries, 2008, 9（1）：34.

［34］J. Michael Spector. A Critical Look at MOOCs［M］//Jemni M. , Kinshuk, K. M.（eds）Open Education：From OERs to MOOCs. Berlin, Heidelberg：Springer, 2017：135 - 147.

［35］Jodie Liu. Compulsory Licensing and Anti - Evergreening：Interpreting the TRIPS Flexibilities in Sections 84 and 3（d）of the Indian Patents Act［J］. Harvard International Law Journal, 2015, 56（1）：220.

［36］Laura Czerniewicz, Andrew Deacon, Michael Glover & Sukaina Walji. MOOC—

Making and Open Educational Practices [J]. Journal of Computing in Higher Education, 2017, 29 (1): 81 – 97.

[37] Lynn S. Aaronl & Catherine M. Roche. Intellectual Property Rights of Faculty in the Digital Age—Evolution or Dissolution in 21st Century Academia? [J] Journal of Educational Technology, 2015, 43 (3): 320 – 341.

[38] Mainak Mazumdar. Performance of Pharmaceutical Companies in India [M]. Berlin, Heidelberg: Springer, 2013: 32.

[39] Mansi Sood. NATCO Pharma Ltd v. Bayer Corporation and the Compulsory Licensing Regime in Indian [J]. NUJS Law Review, 2013, 6 (1): 111 – 113.

[40] Marc Miller. Cartoon Network LP, LLLP v. CSC Holdings, Inc. [J]. New York Law School Law Review, 2009, 54 (10): 585 – 600.

[41] Marc Rysman, Timothy Simcoe. Patents and the Performance of Voluntary Standard – Setting Organizations [J]. Management Science, 2008, 54 (11): 1920 – 1934.

[42] Martin Ebner, Anja L., Elke, L., Michael, K., Swapna, K., Sandra, S. & Andreas, W. (2017) How OER Enhances MOOCs—A Perspective from German – Speaking Europe [M] //Jemni M., Kinshuk, K. M. (eds). Open Education: From OERs to MOOCs. Berlin, Heidelberg: Springer, 2017: 205 – 220.

[43] Maureen W. McClure. Investing in MOOCs: "Frenemy" Risk and Information Quality [M] // J. Zajda & V. Rust (eds.). Globalisation and Higher Education Reforms, Globalisation, Comparative Education and Policy Research. Switzerland: Springer, 2016: 77 – 94.

[44] Ravi Sarathy. Strategic Evolution and Partnering in the India Pharmaceutical Industry [M] // Subhash C. Jain (ed.). Emerging Economies and the Transformation of International Business: Brazil, Russia, India and China (BRICs), Chelten-

ham: Edward Elgar, 2007: 229.

[45] Robert Fox. MOOC Impact beyond Innovation [M] // C. Clarence Ng, R. Fox, and M. Nakano (Eds.). Reforming Learning and Teaching in Asia – Pacific Universities. Singapore: Springer, 2016: 159 – 172.

[46] Shri Justice N. Rajagopala Ayyangar. Report on the Revision of the Patent Law [R]. Government of India, September 1959.